インテリジェンス、宗教、政治学で読む

世界覇権国交代劇の真相

佐藤 優
Sato Masaru

古村治彦
Furumura Haruhiko

まえがき

佐藤　優

本書は、私とアメリカ政治を中心に国際関係に通暁した古村治彦氏（愛知大学国際問題研究所客員研究員）との初の共著だ。古村氏は、私がとても尊敬する異能の知識人・副島隆彦氏の学風を継承する優れた専門家だ。国際問題の現象面だけでなく、その内在的論理を理解して、はじめて分析が成立するという点で私と古村氏は認識を共有している。

本書の記述は、岸田文雄前政権時代の事象を中心に論じているが、現時点で特に改める事柄はないと考えている。なぜなら、現下国際政治ゲームにおいて日本が外交の主体的プレイヤーとして活動できる閾値《いきち》が狭いからだ。

本書の特徴は、通常の国際政治学者が重視しない宗教に着目している点だ。この点に関して、9月27日の自民党総裁選挙で同党総裁に選出され、10月1日の衆議院本会議と参議院本会議で第102代日本国内閣総理大臣に指名され、就任した石破茂氏に特別の注意を払う必要がある。

石破氏の履歴やエピソードを伝える記事はたくさん報じられているが、なぜか同氏の宗教に言及したものが少ない。宗教が個人の内面に留まっているならば、政治分析の上で考察の対象にならない。しかし、石破氏の場合は、信仰が明らかに政治に影響を与えるタイプだ。

石破氏は自らの信仰を公にしており、キリスト教系のメディアにも登場している。

《自民党総裁選の投開票が27日、東京・永田町の党本部で行われ、石破茂元幹事長(67)が第28代総裁に選出された。現在、自民党は衆議院で過半数の議席を保持しているため、石破氏が岸田文雄首相の後継として、第102代首相に就任することになる。

同志社の創立者である新島襄から洗礼を受け、後に牧師となった金森通倫(みちとも)を曾祖父に持つ石破氏は、プロテスタントの4代目のクリスチャン。クリスチャンが日本の首相に就くのは、第92代首相を務めた麻生太郎副総裁(84)以来、15年ぶりとみられる。

(中略)石破氏の父である石破二郎は、鳥取県知事や参議院議員時代に自治相(当時)などを務めた政治家。浄土真宗の仏教徒でクリスチャンではなかったが、金森以来、プロテスタントの家系の母が通っていた日本基督教団鳥取教会で石破氏は洗礼を受けた。幼少期は、同教会の宣教師によって始められた愛真幼稚園に通った。鳥取大学教育学部附属中学卒業後、上京して慶應義塾高校に進学。東京では日本キリスト教会世田谷伝道所（現世田谷千歳教会）に通い、教会学校の教師も務めた。》（9月27日、Christian Today）

石破氏が洗礼を受けた日本基督教団鳥取教会は、同志社系（組合派）だ。組合系にはさまざまな考え方がある。他方、石破氏が東京で通っていた日本キリスト教会世田谷伝道所は長老派（カルヴァン派）の教会だ。カルヴァン派では、各人は生まれる前から神によって定められた使命があると考える。どんな逆境でも試練と受け止めれば、必ず選ばれた者であるあなたは救われると教える。この教会で、石破氏は教会学校の教師（聖書の先生）をしていたのだから、聖書や神学についても勉強しているはずだ。

学生時代に洗礼を受けた人でもその後はキリスト教から離れたり、信仰が薄くなってしまう人もいる、石破氏は信仰が強い方だと思う。現在も日本基督教団鳥取教会の会員だ。ちなみに私も石破氏と同じくかつてはカルヴァン派の日本キリスト教会に属していたが、現在は日本基督教団の組合派系教会に属しているプロテスタントのキリスト教徒だ。だから石破氏の信仰を皮膚感覚で理解することが出来る。

キリスト教関係のメディアで石破氏は、2018年8月30日、渡部信氏（クリスチャンプレス発行人）と山北宣久氏（前日本基督教団総会議長）の取材でこんなやりとりをしている。

《――クリスチャン議員として、どのような思いで政治に向き合っておられますか。

私は、神様の前に自分の至らなさ、誤っているところをお詫び申し上げるようにしています。そして、「過ちを正してください」、「ご用のために用いてください」という思いでお祈りしています。

――特に政治家として強調したい点は。

ヨーロッパにしろ、アジアにしろ、米国もそうですが、同じ信仰を持つ人は多いはずです。にもかかわらず、世の中は争いが絶えない。いかに争いをなくしていくか。いかに互いが神の前には無力であることを共通認識し、自分だけが正しいという思いを持たず、弱い人のために働き、祈ることができるか。それをできるだけ共有したいと思っています。常にこの思いをもって、平和な世界を作りたいと考えています。

――世界にはさまざまな緊張が存在します。日本が韓国などと平和外交するためにはどうすればいいと思いますか。

韓国の近現代史、韓国と日本が過去にどういう関係にあったのかを知らないまま、外交努力をしても説得力がありません。慰安婦問題、領土問題など、一致できない点もありますが、共にやれることもたくさんあるはずです。韓国の文在寅（ムン・ジェイン）政権と共にできることは何なのか。これを考えていくことが重要だと私は思います。（中略）
――最後に、日本のクリスチャンに向けてメッセージを。
「共にお祈りください」とお願いをしたいです。》（２０１８年９月５日、Christian Press）

石破氏は、自民党員の選挙によって総裁に選ばれただけではなく、神の召命によって自民党総裁、内閣総理大臣になったと一人のプロテスタントのキリスト教徒として確信しているのだと思う。本書では、ドナルド・トランプ氏に長老派（カルヴァン派）の価値観が与えている影響の重要性について言及した。石破氏に関してもそのことが言える。11月の米大統領選挙でトランプ氏が当選すれば、宗教的価値観を共有する石破氏との間で興味深い外交を展開することができると思う。

本書を上梓するにあたっては（株）秀和システムの小笠原豊樹氏、フリーランスの編集者兼ライターの水波康氏にたいへんにお世話になりました。どうもありがとうございます。

２０２４年10月２日、曙橋（東京都新宿区）の自宅にて、

佐藤　優

＊本書は、２０２４年７月16日、７月25日、８月１日の計３回、都内赤坂の会議室にて収録された対談を編集したものです。

『世界覇権国　交代劇の真相　インテリジェンス、宗教、政治学で読む』◆目　次

第3章　ウクライナ戦争とイスラエル・ハマス紛争から見える世界の変化……117

装丁・泉沢光雄　カバー&章扉写真・赤城耕一

第1章

再選を大きく引き寄せた トランプ暗殺未遂事件

◆銃撃事件で明らかになった〝神に選ばれたトランプ〟

佐藤　古村さんの『バイデンを操る者たちがアメリカ帝国を崩壊させる』（徳間書店、2023年12月刊）は素晴らしい本でした。なかでもウクライナ戦争の分析は秀逸です。「ウクライナ戦争は、アメリカと西側諸国とロシアの代理戦争であり、ウクライナの意向など考慮されない。米露どちらか、もしくは米露双方が戦争を止めたいということであれば、停戦ということになる」という見方には説得力がありました。

古村　佐藤先生に私の本を評価していただいて本当に光栄です。先生は博覧強記、神学をベースにした社会科学全般についての知識、それらを基《もと》にした方法論で、社会を深く鋭く分析されています。かねてより私のあこがれの存在でした。

佐藤　古村さんは、あの有名な副島隆彦《そえじまたかひこ》先生のお弟子さんですね。

古村　はい。副島先生は法律学から入り、アメリカ政治の研究において日本の最先端の研究を今も続けています。それ以外にも、歴史学、英語学、中国研究、宗教研究など幅広い業績を残しています。私も政治学、アメリカ研究や国際政治の研究を志しており、早い時期に副島先生に出会いました。現在も薫陶《くんとう》を受けています。

佐藤　そうですか。それは僥倖ですね。

古村　ありがとうございます。今回の対談では、佐藤先生にいろいろと教えていただきたいと思います。それでは、早速、お聞きします。先週7月13日（収録日は7月16日）、アメリカのペンシルベニア州バトラーで、ドナルド・トランプ前米大統領が演説中に銃撃され、右耳を負傷するという暗殺未遂事件が起きました。佐藤先生はどのように感じられましたか。

佐藤　トランプは耳を撃たれてパッと伏せ、自分で立ちあがって拳《こぶし》を振り上げました。偶然、その時に、星条旗がトランプの上にあり、しかもその後ろが青空でした。この巡りあわせは偶然ではありません。偶然と考えるよりは、神様がそう決めたと考えたほうが説得力があります。

古村　私には、あの旗は太平洋戦争中の激戦の1つとして知られる硫黄島の戦いを象徴する有名な写真そっくりに見えました。第2次世界大戦末期、日本軍が死守していた摺鉢山《すりばちやま》の頂に、アメリカの兵士たちがみんなで星条旗を立てている場面に重なりました。拳を突き上げたトランプを屈強なシークレットサービスたちが支える。トランプの上に星条旗がはためくという構図は完璧なものでした。

佐藤　トランプを支えていました。

古村　トランプを旗竿にして、皆で支える構図でもありました。アングロサクソンの伝統として、リーダーを自分たちで選び、一度選んだら忠誠を誓い、皆で押し上げるというものがあります。アメリカ人にしてみたら、リーダーとしての力強さを感じたでしょう。

佐藤　私もそう思います。今回のトランプの銃撃事件は、11月5日のアメリカ大統領選に決定的な影響を与えると思います。犯人が誰かは関係がありません。世の中、頭がいかれたやつはどこにでもいます。警備うんぬんというのも関係ありません。私はこの事件がトランプの内的世界に与えた影響に注目しています。

トランプは宗教的に言うと、キリスト教プロテスタントの長老派（プレズビテリアン Presbyterian ）です。長老派はカルヴァン派の流れを引いています。カルヴァン派の一番のポイントは、ある人が、神様に選ばれて救われるか、捨てられて滅びるかは、その人が生まれる前に決まっているという立場を取ることです（二重予定説）。救われる人が生まれる前に決まっているだけではなく、滅びる人も生まれる前に決まっている。こう

2024年7月13日、ペンシルベニア州バトラー近郊で開かれた選挙集会（rally）で、銃撃を受け右耳から血を流しながら「Fight!（闘え）」の叫びを挙げるドナルド・トランプ

星条旗が翻る空の下、シークレットサービスに抱えられたトランプのこの構図は、硫黄島の戦いで勝利した米軍が、摺鉢山の山頂に星条旗を掲げる瞬間を捉えた有名な写真を彷彿とさせる。

いう考え方です。

この考え方はよく誤解されます。生まれる前に決まっているのなら、神様に選ばれるようなことを何もしなくていい。そう思った瞬間に、その人は滅びる側になる。だから、救われる側の人は、そういうことを考えないのです。裏返すと、これは親ガチャの思想です。親ガチャはガチャ自体が問題ではありません。幸運を手に入れるのは自分の力ではない。親のおかげでもない。その親の下に産まれるように定めてくださった神様のおかげです。人間の能力は例外なく神様からいただいた力です。

古村 ジャン・カルヴァン（1509－1564）は、マルティン・ルター（1483－1546）と並んで世界史で習う名前ですね。16世紀初め、ジュネーブを拠点に宗教改革を主導した神学者です。学部生の時、マックス・ウェーバーの『プロテスタンティズムの倫理と資本主義の精神』を読みましたし、社会経済史の授業でもカルヴァン主義や予定説のことを説明してもらったのですが、正直、難しかったです。

佐藤 トランプが属しているカルヴァン派は、いわゆる宗教右派ではありません。アメリカの中流以上に多い、エスタブリッシュされた主流派です。

今回、銃弾は耳をかすった。あと3センチずれていれば、頭がブチ割れて完全に死んでいる。それなのに死なないのは、やはりトランプは神様から選ばれている証明だ。多くのキリスト教徒がこう確信しました。トランプがいかに世俗化されていて、普段、教会に通っていなくても関係がないのです。

古村 トランプは、早く死んだお兄さんの影響もあって、健康に注意していて、お酒もたばこもやりません。でも、女性関係は派手で、離婚を2回しています。キリスト教徒としては不真面目な気もしますが、そんな人物でも神に選ばれるのですね。

佐藤 はい。もちろんです。

◆トランプ聖書は「アメリカが宗教で分断されることも辞さず」の表れ

佐藤 アメリカの歴史上で、長老派の大統領は、トランプのほかに、第28代のトーマス・ウッドロウ・ウィルソン（1856－1924）と第34代のドワイト・デイヴィッド・アイゼンハワー（1890－1969）の2人がいます。ウィルソンは国際連盟という夢想に賭けました。アイゼンハワーも、第2次世界大戦中、連合国軍最高司令官としてノルマンディー上陸作戦を指揮しました。

トランプは、その内面的な宗教性と、今回の銃撃事件で九死に一生を得たことがシンクロして、いっそう神がかり的になっていくでしょう。

例えば、第1期政権の時、トランプは、クリスマスのあいさつとして「シーズンズ・グリーティング Season's Greetings」と言うのを、本来の「メリー・クリスマス Merry Christmas」に戻そうとしました。このキリスト教の表象を使ったトランプの言動を、皆、人気取りのためだと思っています。

古村 熱心なキリスト教信者向けの人気取りではないのですね。ロサンゼルスの南カリフォルニア大学に留学中に、仲良くなった大学職員の人に「メリー・クリスマス」と言ったら、「ハッピー・ホリデーズ（Happy Holidays）」と返されたことがありました。リベラルな風土で、多種多様な人々が暮らすロサンゼルスでは、宗教が表に出ないようにしているのだと感じました。「神に選ばれて救われる」ということが、人間の英知や感覚を超えたもので、非常に重要なのだということを先生の話を伺ってよく分かりました。

佐藤 カルヴァン派にとって重要なのは、旧約聖書のヨブ記です。ある日、サタンは天国の会議で、ヨブという神への義が篤《あつ》い、立派な人物がいるという話を聞きました。ヨブは多くの財産をもって幸せに暮らしています。だから、財産をすべて取り上げたら、ヨブは神を呪うだろう。サタンはこう指摘しました。ところが、財産を奪っても神を呪わない。全身を皮膚病で苦しめても、それでも神を恨まない。

ヨブの友達が来て、「とにかくお前、神様に謝ったほうがいいんじゃないか」と忠告しました。何か悪いことをしたから、そうなるという理屈です。しかし、悪いことは何もしてないヨブは絶対に謝りません。最後、神様がヨブを救い、より豊かにしてくれたという話です。

ヨブ記はまったく不条理な物語です。不条理なこと、わけが分からないことは、選ばれた人間としての試練であり、自分が選ばれた人間かどうかは生まれる前から決まっている。こういう考え方です。今後、トランプは、いろいろなことに挑めば挑むほど、この気持ちが強くなるはずです。

古村　ヨブ記の内容は、山本七平の本で読みました。「神に選ばれる」「救われる」というのは、人間にとっては辛いことなのかもしれないという素朴な感想を持ったことを覚えています。トランプと聖書、キリスト教というのは、日本では最も遠い存在同士ということで、注目されません。盲点と言ってよいと思います。

佐藤　日本では、トランプの聖書は注目されませんでした。トランプは、2024年3

月、『ゴッド・ブレス・ザ・ユーエスエー・バイブル *God Bless The USA Bible*（アメリカに神の恵みを聖書）』という特別版の聖書を販売しました。宗教右派に向けて、トランプの金儲けだろうという意見がありますが、そういう見方は浅いのです。

この聖書には、トランプが選挙集会で登場する時にいつも流される、カントリー歌手リー・グリーンウッドのヒット曲「God Bless The USA」の手書き歌詞や、合衆国憲法のほか、権利章典、憲法修正条項、アメリカ独立宣言などが盛り込まれています。

ポイントは聖書の中味です。これは1611年のキングジェームズ・バージョン（ジェイムズ王訳）、いわゆる欽定訳で、メイフラワー号でアメリカに渡ったピューリタン（清教徒）、ピルグリム・ファーザーズが持ってきた聖書です。これこそ、トランプが認めるアメリカの聖書なのです。

古村　アメリカの源流とはどこにあるのかという認識の問題として、非常に重要な指摘だと思います。トランプは自分と支持者たちこそが、アメリカの源流の正統な後継者である、正統性（legitimacy《レジティマシー》）を持っているということを強く意識していることが分かります。「アメリカらしさ」を象徴しているとも言えますね。

佐藤　私が見るに、これは、カトリックのバイデンに対する強烈な当てつけですね。ア

トランプは「宗教を争点としない」という、これまでの大統領選の歴史的タブーを解禁した

2024年3月に発売された、いわゆる「トランプ聖書」＝ God Bless The USA Bibleを抱えるドナルド・トランプ

7月18日、共和党の全国大会の大統領候補指名受諾演説でのトランプ

メリカ大統領の就任式に使う聖書は、プロテスタントとカトリックでは違います。普通のプロテスタントの聖書とは別で、カトリックの聖書には、13書の旧約聖書続編が入り、訳文も異なります。

１９６０年のアメリカ大統領選は、民主党のジョン・Ｆ・ケネディ（１９１７‐１９６３、第35代大統領）と共和党のリチャード・ニクソン（１９１３‐１９９４、第37代大統領）との間で争われました。ケネディはカトリックでニクソンはプロテスタント、今回のバイデンとトランプと同じ構図です。アメリカ史上初のカトリックの大統領が出ようとしていた状況でした。

ニクソンやプロテスタント陣営から、「カトリックにはローマ教皇との二重忠誠の問題がある。アメリカの大統領としてふさわしいのか」という議論が沸き起こります。しかし、ニクソンは、アメリカの社会が宗教で分断されることを避けるために、その議論を封印しました。裏返すと、ニクソンは宗教を争点としなかった。もしかしたら宗教を争点とすれば勝てたかもしれません。今回、トランプはトランプ聖書の公式販売によって、その宗教分断の封印を解いたのです。

古村　アメリカの公的な場では、宗教、キリスト教的なものは排除されています。しかし、アイデンティティ政治（Identity Politics《ポリティックス》）という観点から、そうした制限が緩《ゆる》くなっていると思います。それでも、ふとしたところから、キリスト教的なものが顔をのぞかせます。私も仲良くなったアメリカの友人に、キリスト教について教えてもらったことがあるのですが、カトリックについて、私に分かりやすく、簡潔に「外国にいる王様（ローマ教皇）の言うことを聞く奴らを信用できないだろ」と言っていたのは今でも覚えています。

◆トランプは自らの使命を明確に自覚した

佐藤　中西部ウィスコンシン州で開かれた共和党の全国党大会（7月15－18日）最終日の大統領候補指名受諾演説で、トランプは銃撃事件について振り返りました。

「驚くべきことに、撃たれる前、もし私が最後の瞬間に頭を動かさなかったら、暗殺者の弾丸は完璧に命中していたでしょう。そして私は今夜ここにいなかったでしょう。私たちは一緒にいなかったでしょう」（「ＦＯＸ10」ウェブサイトより佐藤訳）。このくだりは、自分は神様に選ばれていたので、命を奪われなかったというカルヴァン派的信条に基づくものです。

併せて、トランプが抱えていた4つの刑事裁判の1つが、地裁（フロリダ州連邦地裁）レベルですが、検察側の起訴が棄却されました（7月15日）。トランプの立場から考えると、やはり、自分は神に選ばれていて、大統領になる使命があると確信していると思います。これから、さらにカリスマ性がついて、いわゆる神がかりになっていくでしょう。

古村　大統領候補指名受諾演説で、トランプは最初の30分、暗殺事件のことをたいへん穏やかな調子で説明し、いくつか宗教的な言葉を使っていました。

「アイ・ハッド・ゴッド・オン・マイ・サイド I had God on my side（神は私の味方でした）」「ザ・グレース・オブ・オールマイティ・ゴッド the grace of almighty God（全能の神の恩寵《おんちょう》）」「プロヴィデンシャル・モーメント providential moment 」（神の摂理が出現した瞬間）。私が聞き取った範囲では、この3つの言葉が出てきました。

自分が助かった、救われた、暗殺されなかった、ということは、神様が自分を選んで救ってくれたんだということです。佐藤先生が言われるように、自分の使命や神に選ばれたということを全面に押し出していると感じました。

佐藤　とてもはっきりしていましたね。「私は皆さんに言っておきます。私がこの場に立っているのは、全能の神の恩寵によるものです。この数日の報道を見ていると、多くの人が、あれは摂理にかなった瞬間だったと言っています」。ここのところですね。

古村　それは、やはりトランプの改心ですか。コンバージョン（conversion）と言ってよいのでしょうか。

佐藤　改心ではなくて回心です。改心というのは、何かの機会で変わるということです。そうではなくて、最初からこうなることが決まっていた。今までおぼろげだった神によって選ばれた人間だということが、だんだん明確になっていった。こういう認識です。銃撃の件があったから変わったのではなく、トランプは方向性に対する確信を強めたのです。

古村　確信を得たということなんですね。トランプの演説を聞きながら、心を改めるほうの改心を考えてしまいました。

佐藤　ギリシャ語で言うメタノイヤ（悔い改め）です。ここが一番分かりにくいところですね。清い心とか何とかにまったく意味を認めない、むしろ選びです。自分の意思を超えるところに、神の力が働く。トランプにとっては、生まれる前から選ばれていて、自分の使命がよりはっきりしました。

トランプ自身、かつて口にした、ウクライナ戦争の終結や、イスラエルとハマスのガザでの紛争の終結、北朝鮮の金正恩とうまくやることも、自分の使命だと考えています。今まではレトリックに過ぎなかったのが、ここで一段階変わってきた。電気自動車（EV車）を止めることも含めて、トランプがこれまで言ったことは実現すると思います。

古村　時代がストロングマン（Strongman）というか、圧倒的な力を持つ実力者を求めています。アメリカ人からすると、トランプが救われて、そのトランプをリーダーに選ぶことでアメリカという国も救われると感じていると思います。

◆トランプ暗殺未遂はディープステイトの画策

古村　報道によると、トランプを狙撃した20歳の犯人の背景はよく分からないままです。まず、トーマス・マーシュ・クルックスという名字がかわいそうです。英語でクルックス crooks とは、詐欺師とか犯罪者という意味です。なぜ名字がクルックスなのか不思議です。それで彼は学校でいじめられていたと言われています。

佐藤　そんな名前だといじめられそうですね。

トランプ暗殺未遂はディープステイトの仕業（古村）

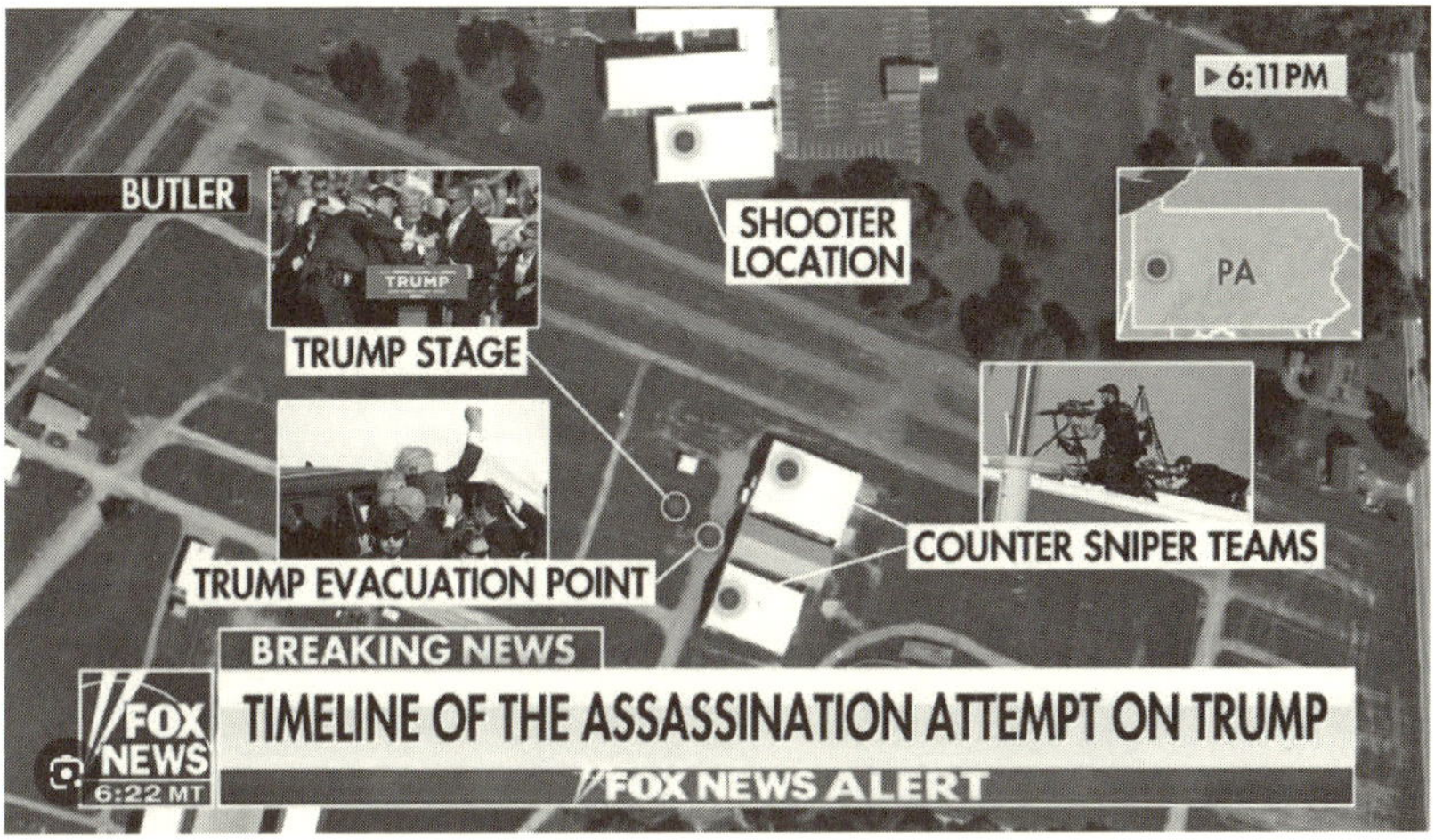

このままバイデンが大統領候補では民主党は戦えない。トランプ暗殺未遂はバイデンを大統領候補から引きずり降ろすために画策された「宮廷クーデタ」だった。「バイデンよ。お前にはもはや２つの選択肢しか残されていない。トランプを暗殺するか、さもなければ、大統領選から撤退するかだ。さあ、どっちを選ぶんだ」と迫られたバイデンは前者を選び、暗殺に失敗し、結局詰め腹を切らされた。

その場で射殺された、犯人とされる
トーマス・マーシュ・クルックス

古村　日本で詐欺師という苗字は聞いたことがありません。本当に普通の感じの青年に見えるのですが。

佐藤　自殺願望があったのかな。

古村　まだ分からないですね。トランプを支持するサインボードを家の前に出していたそうです。2022年7月、安倍晋三元首相を撃ったと言われている犯人、山上徹也も、安倍氏の支持者でした。安倍氏の考え方に共鳴していたのに、家が統一教会ということもあって、安倍氏を撃ったことになっています。それと少し似ていますね。

佐藤　似た感じがしますね。でも、ああいうわけ分かんないのを理解しようとすると、無理筋の話になります。

呉座勇一さんと與那覇潤さんが、『教養としての文明論』（ビジネス社、2024年6月刊）という対談本で、丸谷才一の名著、『忠臣蔵とは何か』を取り上げていました。安倍事件に対する日本の世論と似ていて、たいへん面白かったです。

いくら考えても浅野内匠頭《あさのたくみのかみ》が吉良上野介《きらこうずけのすけ》を殺した理由が分からない。しかし、浅野内匠頭がこれだけのことをやったのだから、相当の理由があるはずだ。そうみんなが納得して、やっぱり吉良が悪いということになった。

古村　吉良がいじめた証拠もないですよね。そもそも江戸城の中で何が起きているのか、幕府の最高幹部クラスしか知らないわけですからね。

佐藤　そうです。吉良が悪くて、主君の仇討ちが正義だと納得するのは、忠臣蔵による無意識の刷り込みかもしれない。2人の対談本は、概ねこのような内容でした。安倍さんを狙撃した山上徹也を応援している人は、これと同じように、山上には相当の理由があったと思っているのでしょう。

古村　じつは私は、トランプ暗殺未遂事件について独自の見解を持っています。ディープステイト側というか、官僚側、政府側がバイデン大統領に、最後のチャンスを与えたのだと思います。何をさせたかというと、トランプの暗殺です。

バイデンは6月27日、ジョージア州アトランタで行われたトランプとのテレビ討論会で大失敗をしました。これはいわば宮廷クーデタです。バイデンが失敗すると分かっていて、周りの人間たちがわざとやらせたものでした。

「これではっきり分かったでしょ。あなたは年相応に衰えている。あなたの大統領再選はかなり危ない。いや、落選は確実だ。あなたには、もうトランプを殺すしか選択肢が残っていない。成功したらあなたは勝てる。だが、失敗したら辞めるしかない。さあ、どっちをやるんだ」とバイデンに迫り、暗殺実行を選択させました。そうしたら暗殺に失敗したわけです。

佐藤　フランスのドゴール大統領暗殺をもくろむ、映画『ジャッカルの日』みたいな感じですね。

古村　責任を取ってシークレットサービス（大統領警備隊）の女性の長官が辞めました。もちろん、最終的な責任を取らされたのはバイデンです。彼は賭けに負けて退場させられたのです。あそこでトランプ暗殺に成功していれば、トランプの支持者たちが暴れたでしょう。しかし、現職の大統領はアメリカ軍の最高司令官、スプリーム・コマンダー（supreme commander）ですから、軍を出してでも騒乱を抑えることができます。

佐藤　仮説として議論を進めると。トランプ亡き後に、共和党には、トランプに代わって糾合できる人がいません。それに対して民主党はシステムだから、カマラ・ハリス副大統領にも代われるし、他の誰でもいい。極端な話、無所属で立候補しているロバート・ケネディ・ジュニアを持って来てもいい。

確かにディープステイトのそのような動きには、論理的に整合性があると思います。それと同時に、あのテレビ討論会以降、民主党の上院議員と下院議員の尻に火がついた。

それまで、バイデンが大統領選挙で負けても、自分の選挙区だけは守れると思っていました。

ところが、バイデンの爺様がこのまま大統領でいると巻き添えを食う。バイデンはかつての日本軍の戦艦大和だ。巨大な戦艦大和のように撃沈すると、巻き添えを食って俺たちも沈む可能性がある。そこで真剣にバイデンを降ろそうと画策しました。トランプ銃撃の裏には、いろんな要因が重なったのかもしれません。

ディープステイトは何としても民主党への支持を残そうとしています。今、その閾値を超えかけているのです。

◆ディープステイトの正体とは?

佐藤　ディープステイトと言うと、陰謀論だと思われます。陰謀論ではなくて、権力者による共同共謀正犯理論だと言わないと、副島先生に叱られますね。

古村　アメリカを始めとするヨーロッパなどの西側諸国には、政治、司法、行政を動かす力《ちから》を持つ、超財界の人間たちが存在します。彼らは民主的に選ばれた存在ではなく、大衆には見えづらくなっていますが、大きく国家、世界を動かしている存在です。

佐藤　いわゆるディープステイトはどの国にもいる。私はディープステイトをこのように定義しています。

近代の代議制民主主義国家において、2つのエリートが政治を行う。1つは国民の選挙によって選ばれた政治エリート。もう1つは資格試験で登用された政治エリート、すなわち官僚です。その両者において政治は運営されています。

ところが実際の政治は、それと違うところで動く場合があります。国民の統制を選挙によっても受けない、資格試験も通過してない。見えないところで権力に対して実質的な意志を与える。そしてまったく責任をとらない一群の人たちがいます。おどろおどろしい言い方をすると、これがディープステイトになるわけです。

今回、ディープステイト色がはっきりしたのは、討論会の後のニューヨーク・タイムズですね。常軌を逸しているとしか思えません。一民間の新聞社が、「バイデンは偉大な功績を上げたけれども、このままだとトランプに負けるから大統領候補を降りろ」と。一民間の新聞社であるニューヨーク・タイムズが、どのような責任でそのようなことを言えるのでしょうか。これがまさに、トランプとトランプ支持者が言っているディープステイト（闇の政府）ですね。

古村　そうですね。このディープステイトという言葉自体は以前からありました。この言葉が頻出するようになったのは、トランプが大統領選に当選した2016年頃からです。

今、ディープステイトに対する一般国民、普通の人々からの反発、異議申し立てとして、ポピュリズム（Populism）という言葉が使われ始めています。日本でポピュリズムと言うと、大衆迎合主義、簡単に言うと、物を配って人々の人気を集めるというような意味で使われています。本来、ポピュリズムはそうではありません。

アメリカ政治の中枢のワシントンは別世界で、一般国民のコントロールが一切きかない伏魔殿だと考えられています。そこで既存政治とはまったく利害関係がないトランプが、「ドレイン・ザ・スワンプ Drain the swamp（汚れまくった泥沼をきれいにするぞ）」をキャッチフレーズに、めちゃくちゃ汚くなった沼から泥水を抜いて、1回きれいにしようと、ワシントンに乗り込みました。

ポピュリズムとは、アメリカの大衆が抱いているワシントンやウォール街の権力者や財閥に対する不信感が時として大きく噴出する草の根の思想運動のことです。最近、ディープステイトとの対比としてポピュリズムが出てきているのはアメリカの健全さを示しているとも言えます。

佐藤　たしかにそうですね。

古村　主要なメディアはそういう現実にわざと目を向けず、人々に大きな構図が見えないようにしている。ニューヨーク・タイムズがその筆頭です。

佐藤　トランプが大統領に再選された場合、トランプの周辺にディープステイトができませんか。

かつて日本の新左翼の過激派は加入戦術を盛んに行っていました。加入戦術とは、既存政党や政治団体に加入させ、影響力を広げて、組織そのものを乗っ取ったり、分派工作を行う戦術です。社会党やその青年組織の社青同などに、第4インターや革マル派などが加入していました。この加入戦術に近いことを、ディープステイト側が取るかもしれませんね。

古村　じつはトランプ側と共和党はそのことをかなり警戒していると思います。トランプに対して忠誠心が篤《あつ》い側近グループが存在します。その代表例が、トランプ政権で国家通商会議委員長だったピーター・ナヴァロです。彼は2021年1月の連邦議会襲撃事件にからんで逮捕され、刑務所にも入りました。その他の穏健派グループも存在します。忠誠心が強すぎるのもそれはそれで危ないし、穏健派もいないと、選挙には勝てません。しかし、ナヴァロは、穏健派に対して、「中途半端」「忠誠心が足りない」「裏切るかもしれない」と批判しています。

今、トランプ陣営の中でもさまざまな争いが起きています。もしかすると、佐藤先生が言われたように、特定の勢力が自分たちの権益を作りはじめ、ディープステイト化するかもしれません。

佐藤　トランプに権力が集中してもテクノクラートに頼らざるを得ないということですね。1人で全部できるわけではない。テクノクラートたちが、ディープステイト化する可能性が常にあると思います。ディープステイトを解体するという名目でディープステイトが出てくる可能性も十分あります。

古村　ダッシュがつくような感じですね。

佐藤　そうです。アメリカにしても日本にしても、基本的な政治システムは代理システムです。先ほども言いましたが、Aは国民の選挙によって選ばれた政治家。Bは資格試験によって登用された官僚群。そのAとBの外側で、どちらの手続きも経てないのに、属人的な関係によって国家意思に影響を及ぼして、利権抗争にあずかることができる人たちがいます。

トランプは、その人たちによる強固なシステムがアメリカを弱らせ、硬直化させているのを動物的な直感で気づきました。これこそが自分が大統領としていろいろなことをやろうとする時の障害であり、しかもそれは制度上の問題ではないと見破った。それでディープステイトと名づけたのです。

一方、ディープステイトの人たちは、ディープステイトをあたかも陰謀論であるかのように位置づけて、そんなものは存在しない、頭のいかれた連中が言っていることだと言い逃れています。しかし、明らかに権力者の中の共同謀議はあります。その共同謀議を隠すために、そういうことを言う連中は存在しない陰謀をでっち上げていると見せかけるのです。しかし権力者共同謀議はあるのです。「陰謀」ではありません。

トランプ政権になった時に、トランプ政権の周辺でディープステイト的な機能を果たす人たちが出てくると思う。そこにも視野を向けないといけないと思います。

◆老人いじめにならないようにトランプが賢く振舞った第1回テレビ討論会

古村　アメリカ大統領選挙は、6月27日の討論会までは無風でした。急速に大きく動き始めたのは、6月27日のCNN主催の第1回討論会からでした。あれから一気に、バイデンの年齢と力強さの問題が噴出しました。

佐藤　あとは運ですね。バイデンは運に見放されています。運に見放されていなければ、7月11日のNATO（北大西洋条約機構）の首脳会合で、ウクライナのゼレンスキー大統領をロシアのプーチン大統領と言い間違えたりしません。

古村　ハハハ。そうですね。準備期間が1週間以上あったのに、6月27日の第1回テレビ討論会に風邪を引いて来ました。

佐藤　健康管理も実力のうちですね。ゼレンスキーをプーチンと間違えたことよりも、その後の釈明がポイントです。

「プーチンを倒すことで頭がいっぱいで」とバイデンは釈明しました。ある種のことで頭がいっぱいになるのは、感情に支配されているからです。認知の歪みが生じ、それによって判断を間違える。あのポロッとした釈明が、私は重要だと思います。

たとえば、プーチンは絶対に感情的になりません。いくらバイデンが憎くても頭がいっぱいになることはありません。ところで、プーチンには予言があります。

2021年1月、バイデンが大統領に就任した時のことです。ロシア人の記者がプーチンに聞きました。「バイデン大統領があなたのことを殺人者だと言っています。それに対して何か言うことありますか」と。

それに対してプーチンは、「私は彼を個人的によく知っています。ただ一言言うのだったら、ブッチェ・ズダローヴィエ」と答えました。ブッチェ・ズダローヴィエとは、ロシア語で「健康に注意してください」ということです。「バイデン、お前の最大のネックは健康だ。体調に注意しろよな」と。まさしくその通りになりました。

古村　プーチン大統領の、本質を把握して切り込む力はすごいですね。

討論会では、開始1分ぐらい、バイデンが何を言っているのか分からなかった。声もひどい。その時、トランプとバイデンの2人が並んでいる映像が映りました。トランプが一瞬、「あれっ、こいつ大丈夫か」という顔をした。それからかなりバイデンへの攻撃を抑えました。

佐藤　私もそう思いました。トランプは、プロレスをよく知っています。弱い者いじめ的なことをすると嫌われる。それをよく分かっているから、彼は弱い者いじめにならないように注意していました。

古村　やりすぎると、老人いじめに見られてしまいます。実際に、老人いじめではないかという批判もアメリカのメディアでも出ました。しかし、そんなことよりも、バイデンの衰えに人々はショックを受けました。それが大きかったのです。

それまでもトランプは、バイデンに対して抑制的でした。トランプ陣営はやりすぎるとバイデンに同情票が行くと分かっていたのです。トランプではなく、周りの共和党の政治家の一部が、「バイデンは認知症だ」とか、「合衆国憲法の修正条項で、バイデンの職務不能を宣言すべきだ」などと激しい言葉遣いで攻撃していました。

そして、6月27日のテレビ討論会から、7月13日のトランプ銃撃事件の間で、一気に流れが変わった。ようやくアメリカ大統領選挙らしくなってきました。

◆中絶問題とLGBTQが大統領選の争点になる

古村　共和党の全国大会で、トランプは、J・D・ヴァンスというオハイオ州選出の上院議員を副大統領候補に正式指名しました。これはたいへん戦略的に正しい人選だと思います。

佐藤　私もそう思います。

古村　まずヴァンスが白人であるということ。39歳で、アイルランド系のスコッツ＝アイリッシュ（Scots-Irish）という出自もたいへん重要です。スコッツ＝アイリッシュは基本的に福音派（Evangelicals エバンジェリカル）ですが、ヴァンス自身は2019年にカトリックに改宗しています。

アイデンティティとしていくつかアピールするポイントがあります。いわゆるラストベルト（Rust Belt 錆ついた工業地帯）のアイオワ州のアパラチア山脈地方の出身で、アメリカ海兵隊に入ってイラクに派遣されていたのも重要です。その後、イェール大学法科大学院に進んでいます。

貧しい白人労働者層（Poor《プア》 White《ホワイト》）出身の生い立ちを描いた彼の自伝、『ヒルビリー・エレジー *Hillbily Elegy*』が、2016年に全米でミリオンセラーとなり、成功を収めました。

ヴァンスの本は、トランプの大統領当選の時期に出ました。五大湖周辺州の貧しい白人の暮らしがリアルに描かれていたことで、トランプ旋風の原因を知るための良書ということで、高い評価を得ました。

ヴァンスに『ヒルビリー・エレジー』を書くのを勧めた人がいます。イェール大学の時の指導教授でエイミー・チュアという中国系のアメリカ人です。彼女も『タイガー・マザー *Tiger Mother*』（齋藤孝訳、朝日出版社、2011年刊）というベストセラーを書いている。チュアはこの本で、自分がいかに母親から抑圧され、勉強、勉強と強要されてきたかを告白しています。

佐藤　『ヒルビリー・エレジー』の日本版は光文社から、2023年に出ていますね。副題は、「アメリカの繁栄から取り残された白人たち」です。

古村　これは明らかに、五大湖周辺のラストベルトをとりにいく戦略です。トランプの支持基盤をがっちり固めたいのでしょう。それから、ヴァンスの奥様のウーシャは、ヴァンスのイェール大学法科大学院《ロースクール》の同級生でインド系です。今、アメリカでは、インド系が存在感を増しています。

佐藤　エリート層が多いですね。

古村　はい。インド系には、民主党副大統領のカマラ・ハリスもいるし、共和党のニッキー・ヘイリー元国連大使もそうです。

私は今回の大統領選の重要な争点は、中絶問題だと考えています。同じカトリックでも、民主党のバイデンは、中絶に賛成。共和党のヴァンスは反対しています。アメリカのカトリックの内部で、どのような分裂が起きているのか、私にはまだ理解できていません。

佐藤　カトリックでは、中絶反対が圧倒的に強いです。なかには、中絶賛成の人や、あるいはＬＧＢＴＱ＋《プラス》（レズビアン、ゲイ、バイセクシュアル、トランスジェンダー、クィア）を容認する人もいます。けれども、カトリックは組織が強いので、公式路線から逸脱する人を受け容れる余裕があります。ただし、教皇は絶対に中絶を認めません。

中絶問題でバイデンがリベラルな方向に寄っているのは、本来のカトリックの立場ではありません。共和党としては、トランプではプロテスタント色が強くなりすぎるので、ヴァンスを入れることでカトリックとインド系までも引き寄せた。なかなか優れた戦略です。

古村　共和党の党大会で選択される共和党綱領（platform《プラットフォーム》）にトランプが最後に手を入れて、この前の委員会で可決されました。党綱領の言葉遣いはたいへん穏やかになっています。

トランプを支持する福音派の人たちは、中絶を全米で禁止にすることを求めていまし

共和党の副大統領候補に指名されたJ.D.ヴァンス(右)

ヴァンスが書いた『ヒルビリー・エレジー　アメリカの繁栄から取り残された白人たち』（光文社、2023年刊）は、原書は2016年刊で全米でミリオンセラーとなった。

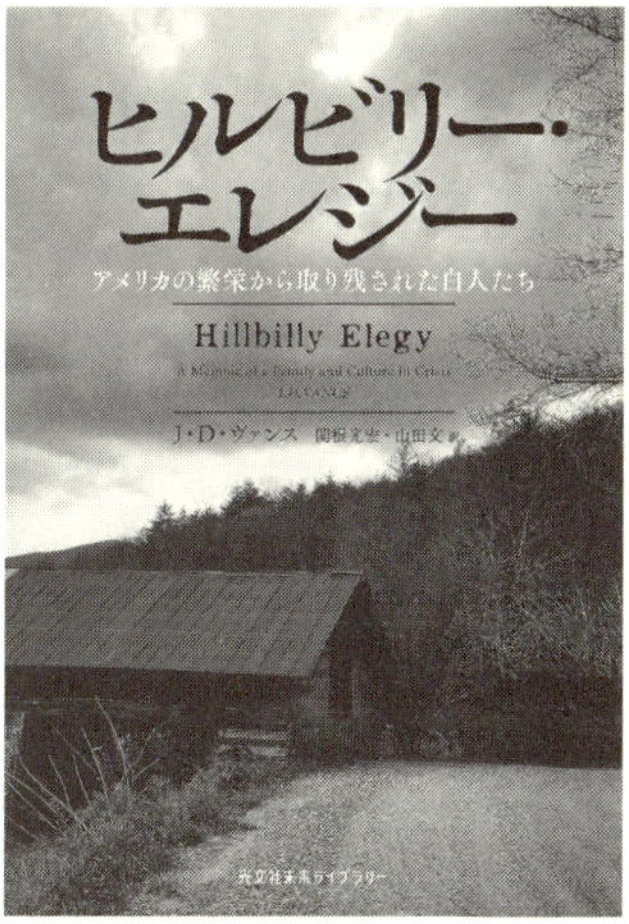

たが、各州の自主性に任せることになりました。2016年の大統領選の時と比べてもトーンダウンしています。

トランプがアメリカの分断を促進しているとよく言われます。しかし、今回、トランプはいわゆる団結を重視して選挙に臨んでいると感じます。今、佐藤先生のお話を聞いて、なるほどと思いました。

佐藤 今回、LGBTQ+《プラス》の問題は、大統領選の争点になりますか。トランプもそこのところは鷹揚に構えているのでしょうか。

古村 そうですね。LGBTQ+の権利をどこまで認めるかという程度の話です。同性婚については認める方向にあります。今、次期トランプ政権を想定して、保守系シンクタンクのヘリテージ財団を中心として100以上の団体による「プロジェクト2025」(2025年大統領移行プロジェクト)という政策提言書が作られています。いわゆる超保守派による900ページぐらいのもので、プレイブック(作戦書)と呼んでいます。「プロジェクト2025」では、LGBTQ+に関しては、今までアメリカ軍にトランスジェンダーが入隊できたのを禁止する、同性カップルの養子縁組を認めないということが挙げられています。そこまで大きな争点にならないと思います。

やはり、一番大きな争点は中絶、アボーションabortionです。この「プロジェクト２０２５」では、全米的に連邦法として中絶を禁止すべきだと主張しています。

佐藤　トランプ自身はＬＧＢＴＱ＋をどう考えていますか。トランプの日常的な言動や雰囲気を見ていると、神様は男と女を作った。ＬＧＢＴＱとか、とくにＬＧＢＴに当てはまらないクィアは、何だかよく分からないと感じているのではないでしょうか。

古村　彼らは権利をこれまで以上に拡大させる必要はないと考えているでしょう。

佐藤　ＬＧＢＴＱ＋に関しては、性自認の問題もありますね。

古村　アメリカでは、自分の性認識と肉体的なことが違う場合、性適合薬を投与して、性を変える権利がほとんどの州で認められています。だから、そんなものは薬で治るもので、子供の時にやればいいという考えを持っているかもしれません。

佐藤　あまり詰めていくと面倒くさくなりそうですね。ロシアのプーチン大統領はＬＧＢＴＱ＋のことを悪魔崇拝（サタニズム）だと言っています。トランプはプーチン大統領とだいたい同じような感じですね。

古村　そうかもしれません。ちなみに、共和党側の保守派の人たちは、民主党側を批判する時に、ＤＥＩ《ディーイーアイ》という言葉を使いたがります。ＤＥＩとは、ダイバーシティ

diversity、エクイティ equity、インクルージョン inclusion、日本語では、多様性、公平性、包括性です。これらを行き過ぎないようにすると共和党側は主張しているわけです。これからDEIという言葉が流行ると思います。

◆トランプ政権の本質は雇用にある

古村　トランプが2016年に大統領になって、2020年からは、トランプに勝利したバイデンが大統領になりました。結局、バイデン政権がしたことは、トランプ政権がしてきたことの焼き直しです。

佐藤　それもかなり劣化した形です。

古村　大きく言うと国境警備と対中国の2つです。バイデン政権であっても、アメリカに大量の不法移民が入って来られても困るので、結局、政権後半になって、国境警備もより強化することになりました。中国に関しても、対中関税を引き上げました。中国製の電気自動車への関税は現在の4倍の100%にすると発表しました。結局、トランプ政権とやっていることは一緒です。アメリカがいくら何とかしようともがいても、大きな流れでいくと、撤退戦というか、これしかできない状況に陥っています。

佐藤　古村さんの言われる通りだと思います。アメリカの政策の閾値《いきち》がたいへん狭くなっている。バイデンのように往生際悪くやっていると、時間がかかり、傷が大きくなるだけです。トランプのように分かりやすくやったほうがいいのです。

みんなトランプは関税を上げて、中国から金をふんだくるつもりだと思っているようですが、私にはそうは見えません。トランプにとって重要なのは、アメリカ国民の雇用だと思います。

移民を入れないことは、裏返すと、移民に頼るようなきつい仕事、汚い仕事、危険な仕事も、白人を含めてもともとアメリカにいる自分たちでやろうじゃないか、ということです。欧州の右派ポピュリスト政党と言われる「ドイツのための選択肢」や、フランスの「国民戦線」（現「国民連合」）も、そこに目を向けています。その側面をみんな見ていないと思います。

古村　そうですね。雇用、エンプロイメント（employment）です。人々がきちんと仕事をして、家族を養って、地域社会に貢献する、そのためには雇用がなければどうしようもないということです。それが戦後アメリカの繁栄を支えた中間階級（middle class《ミドルクラス》）

なのです。2016年の大統領選で、トランプがなぜ勝ったか、さまざま分析があります。

五大湖周辺のラストベルトでは、白人の労働者たちは、もともと民主党支持です。自分が入っている組合から言われて民主党に投票する。お祖父《じい》さんの代から民主党という人たちです。製造業の仕事で汗を流し、きちんと生活して、ミドルクラスになるということが彼らの誇りでした。

ところが、製造業の衰退で雇用がなくなった。もはやミドルクラスでいられなくなり、自分たちのアイデンティティも失われてしまう。「俺はUSスチールで鉄を作って、あの橋をかけた、ニューヨークの摩天楼《まてんろう》（skyscraper《スカイスクレイパー》）を建てた」などという彼らの心の支えがなくなった。結局、自分たちは、メキシコ人と同じで、代えが効く存在だと否応なく知らされた。

佐藤　単なるコモディティにすぎない。

古村　はい。産業社会の歯車の1つです。ミドルクラスから転落して、自分たちのアイデンティティが失われて、自分が何者であるかも分からない状況になってきていました。麻薬蔓延の問題も深刻です。こうした状況は、前述のヴァンスの『ヒルビリー・エレジー』、経済学者アンガス・ディートンとアン・ケースの『絶望死のアメリカ』（松本裕訳、みすず書房、２０２１年）に詳しいです。

そんな彼らに、トランプの選挙スローガンのＭＡＧＡ、メイク・アメリカ・グレイト・アゲイン（Make America Great Again アメリカ合衆国を再び偉大な国にする）が刺さったのです。もう1度、きちんと仕事に生きがいを見いだそう。雇用を取り戻そう。このラストベルトでの勝利が、トランプ大統領の誕生を実現させました。

佐藤　これは、まさしくカルヴァン派の倫理観ですね。カルヴァン派は働くことを重視します。勤勉は肯定的価値で、怠惰は罪です。この倫理観は、トランプの中に埋め込まれているのです。たぶん、スコットランド出身のお母さん、メアリー・アンの教育がかなり厳しかったのでしょう。その影響が明らかにあります。

かつてトランプは、短時間ですが、お母さんが生まれたスコットランドのルイス島を訪問しています。

古村　なるほど。トランプ自身はそのことを強く意識してはいないでしょうね。

佐藤　そうです。私は意識をしていないところがポイントだと思います。意識して戦略的にやっていることはいつでも変わります。反対に、無意識に潜り込んでいる行動様式は常に変わりません。

◆USスチールの買収と中国への対応

古村　2023年12月、日本製鉄はアメリカの鉄鋼大手USスチールを買収すると発表しました。USスチールの労働組合はこの買収計画に反対を表明しています。USスチールの本社があるのは大統領選を決する激戦区州のペンシルベニア州ピッツバーグです。日本製鉄のUSスチール買収は、日米にとっても大きな問題となっています。

この7月、トランプ政権で国務長官を務めたマイク・ポンペオが日本に来ました。ポンペオは日本製鉄のアドバイザーになっています。USスチールの買収のことで助言するそうです。

佐藤　これはトランプ事案ですね。

古村　そうです。昨日（7月23日）、日本製鉄が中国の宝山製鉄と合弁を解消しました。日本製鉄は赤字の合併をやめて、「中国との関係を解消しました」とアピールできました。ある関係者に聞いたのですが、ポンペオが本社を訪れた時、会社の応接室から中国の絵画を外したそうです（笑）。日本製鉄は、USスチール買収で相当な気遣いをしています。

私の友人に日本製鉄勤務の人がいるのですが、彼との雑談で、USスチール買収の話になりました。私は彼に、「USスチールの労働組合にしても、会社にしても、中国企業に買われるよりも、日本製鉄に買われるほうがよいのに。中国に対抗するために、日米でUSスチールを助けようと言えば分かってもらえるんじゃないか」と、自分の考えを話しました。その数日後に、自民党の甘利明さんも同じことを言っていました。

佐藤　USスチールという会社のイメージですね。本来、アメリカの雇用を確保するのだから、まったく問題ないはずです。

古村　日本製鉄は雇用も確保するし、給料も上げると言っています。反対の声が出ているのは、アメリカを象徴する企業が日本の傘下に入るのは我慢できないというアイデンティティの問題が大きいです。買収の条件はしっかりしているので、実は労働者の多くは賛成しているのです。変に政治問題化してしまっているのです。

佐藤　アメリカの金融資本家は買わないのですね。

古村　買いません。日本製鉄が買わされたと言うのが正しいかもしれません。

佐藤　トランプ政権の関心は、基本、雇用でしょう。アメリカ国民の雇用を守るとアピールし、輸入品の関税を上げて、中国から絞り取ろうとしています。中国の自動車産業がアメリカに出てくると言ったらどうするのでしょうか。

古村　中国のEV（電気自動車）ですね。トランプ政権はEV全体に対する補助金をやめると言っています。中国製品に関税をかけ、中国の自動車を排除する方向になると思います。中国は国内市場が大きいですから、影響は限定的でしょう。

トランプ政権になったら、日本企業はアメリカ、中国とどう付き合えばいいのか、とよく聞かれます。ポイントは、日本製鉄のやり方を真似ることです。中国での合弁会社がうまくいってなかったら、合弁を解消してチャラにする。表向き、アメリカに対して中国と手を切っている証明になります。そして、アメリカに投資する。中国と手を切り、アメリカに投資する、この二言だけでいいのです。イデオロギー問題ではないので。これでいけるでしょう。

◆民主党はエリートの党、共和党は庶民の党

佐藤　大切なのは、トランプをあまり戯画化して見ないことです。例えば、かつてモスクワで高級ホテルに何人かの売春婦を呼んで小便をさせたとか、そのようなところで見ていくと、トランプの本質を見失うと思います。

ドイツの哲学者ヘーゲル（１７７０－１８３１）が『歴史哲学講義』（長谷川宏訳、岩波文庫、１９９４年刊）の序文でこのようなことを言っています。

歴史というのは英雄が作り上げるものだ。しかし英雄はみんな不幸になる。アレクサンダー大王は旅の途中で死ぬし、ナポレオンも島流しになった。もっと悲しいことは、従僕、召使の歴史観というのがある。普段、英雄のブーツを替えたりするような係が、「あいつはシャンパンを飲んでいた俗物だ。俺はこの目で見たんだ」などと貶めることを言う。こういう讒謗《ざんぼう》に耐えていかなくてはいけない。

結局、歴史や理性、理念というものは、自分の財布から支払いをしない。英雄に支払わせるのだ。これが理性の狡知だ。こういう言い方をヘーゲルはしています。トランプを見ているとそういう感じがします。

古村　確かにそうですね。「従僕の目に英雄なし」ですね。トランプは、プロレスのＷＷＥやテレビのリアリティ番組にも出ていたので、どうしても奇矯《ききょう》なトリックスターに見られがちです。しかし、トランプ自身はたいへん質素で、お酒もタバコもやらない。ある意味、キリスト教的な、素朴な生活人なのだろうと思います。

佐藤　たいへんプロテスタント的です。ただし、その宗教観が世俗化されているのです。私は今回の銃撃事件で位相が変わったと思います。熱烈なトランプファンには見えていたことが、より鮮明になりました。

トランプ聖書についても、福音派の人たちはリビングバイブルとか、もっと口語訳の簡単な聖書を読んでいます。他方、トランプが使っているのは、主の祈りが、「Our Father, which art in heaven, Hallowed be thy name」（天におられる私たちの父よ、御名が聖とされますように。マタイによる福音書6章9節、聖書協会共同訳、２０１８年刊）というような文語調の欽定訳（１６１１年）です。トランプ聖書のような古い英語で格調の高い聖書は、むしろアメリカのメインストリームに訴えることができるのです。

これこそアメリカの伝統の宗教であり、私の価値観であるとトランプは示しました。ＬＧＢＴＱ＋はいくらなんでも行き過ぎではないか。12～13歳の子供たちに性自認で適合手術をしてその後どうするんだ。そう思っている中産階級の人たちがたくさんいます。彼らに対して、今の民主党は行き過ぎている、それよりもトランプのほうがまともじゃないかとアピールしました。そういう人たちの心を捕まえたと思います。トランプの狙い通りです。

古村　民主党の勢力は大きく分けると、進歩主義派、プログレッシブ（Progressive）と言われる急進左派の人たちと、あとはエリート（elites）たちです。エリートたちはトランプの支持者たちをデプロラブルズ（deplorables）、野蛮なやつら、負け組と呼んでいます。もともと民主党自体、負け組の党だったはずなのに、党内に中間層以下を代表する勢力がいなくなりました。

結局、民主党はエリートの党です。表向きは人々のため、貧しい人のためにと言いながら、自分たちはその人たちを馬鹿にしている。彼らとは口もきけない、話もできない状況です。そういう時にトランプが登場したのです。

私が政治学で習ってきた政党の分け方では、共和党は資本家や中産階級以上の人たちの党のはずでした。しかし、今ではTシャツとジーンズしか着てないような、貧しそうな白人の人たちが共和党を支持しています。民主党はエリートの党、共和党は民衆の党と逆転する、大きな歴史的な転換点なのでしょう。

◆平和への志向が希薄なアメリカ政治。だがトランプだけは平和を志向している

古村　ポピュリズムはこれまでの政治における分類に当てはまりません。アメリカの専門誌にポピュリズムに関する1つの論考が発表されました。政治における右と左はこれまで1つの線の右端と左端に位置づけられてきました。ポピュリズムに関して言うと、この直線が、馬の蹄《ひづめ》に付ける蹄鉄《ていてつ》（horseshoe《ホースシュー》）のように曲がって、右端と左端が近づくということが起きます。これを馬蹄《ばてい》理論（horseshoe theory）と呼んでいます。ポピュリズムの右派と左派が同じ動きをすることがこの理論で説明できます。つまり、民主党だと、バーニー・サンダース（上院議員、バーモント州）やアレクサンドリア・オカシオ＝コルテス（下院議員、ニューヨーク州）が左派ポピュリズムだということです。

佐藤　左翼ポピュリズムと右翼ポピュリズムですね。

古村　はい。トランプが代表している右派ポピュリズムの人たちも、左派ポピュリズムの人たちも同じようなことを言い始めるわけです。例えば共和党でウクライナへの支援

ポピュリズムの右派と左派が同じ動きをすることを説明する「馬蹄理論（horseshoe theory）」

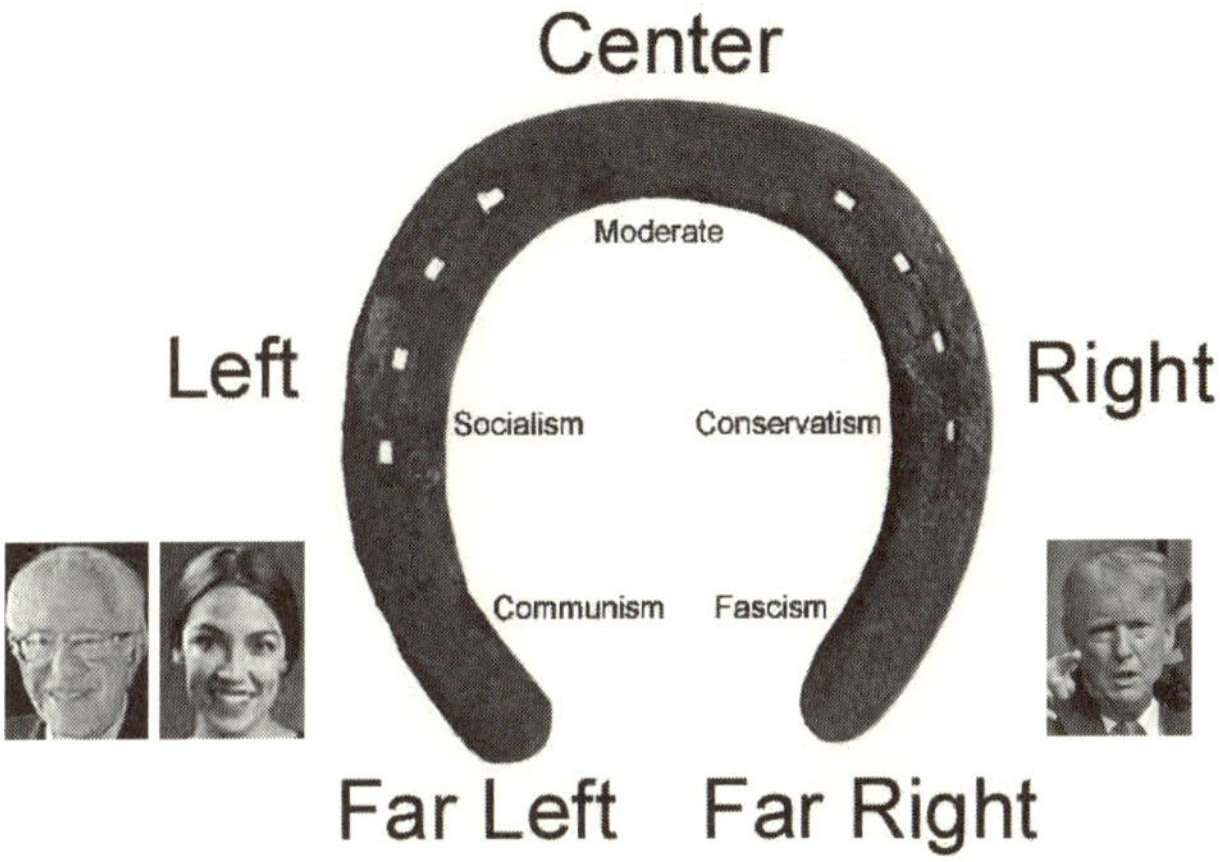

従来のように、政治上の「右」と「左」を直線の両端と見なすと両派が極端になればなるほど距離が遠ざかるはずだが、馬蹄のようになっていると見なすと、端に行けば行くほど、表向きの主張が似てくることが説明できる。

に反対しているのはトランプ派で、民主党で反対するのはサンダースを筆頭とする左派、進歩主義派です。

トランプが大統領となった2016年以降、さまざまな政治学の理論や考え方の有効性が薄れてきました。私は、これからアイデンティティ政治、特に今まで政治学が取り上げてこなかった宗教が、もっと大きな要素になってくると思います。

佐藤　私もそう思います。それと結びつくのは平和です。とくにウクライナ戦争以降、いわゆる政治学のほうで冷戦リベラルという流れが出てきています。どういう流れかというと、今回の米露の対立の基本を冷戦と捉え、自由や民主主義、人権というものを力を用いてでも擁護すべきだという考えです。結果から見れば、ネオコンのような力を行使する考え方と同じになります。このような勢力が民主党系で強まってきています。

古村　そうですね。大きくアメリカの外交政策にはリアリズム（Realism）と介入主義（Interventionism《インターヴェンショニズム》）の2つの流れがあります。介入主義が、共和党に入るとネオコン（新保守主義）になり、民主党に入ると人道的介入主義になります。

佐藤　いずれにせよ、アメリカの政治の特徴は平和への志向が稀薄です。平和が上位の価値観に立ちません。その点、トランプは戦争をしません。トランプに関しては価値観の基礎に平和があります。

平和が1つのポイントです。例えば、日本は、これから東アジアの平和を価値に掲げないといけません。

去年の9月19日の国連の一般演説で、岸田文雄首相はイデオロギーや価値観では現下の世界の問題を解決できないとの趣旨を述べました。それ以降、日本は価値観と言わなくなりました。国連演説でも民主主義を言っていない。2024年4月の日米首脳共同声明「未来のためのグローバルパートナー」の声明文にも民主主義という言葉は入っていません。その意味では、日本ははっきりと価値観外交をやめているのです。

トランプの場合も、その傾向があります。上位にあるのは価値観よりも平和だとすると、人権、民主主義、市場経済などのプライオリティ（優先順位）が落ちるのです。これはきわめて合理的な考えです。

私はウクライナを民主主義国とはまったく思っていません。仮にあの国が民主主義国としても、ウクライナ戦争の前と後ではまったく異なります。現時点においては、テレビ局のニュースは共通番組の1つで、メディアは事前検閲制です。それから男性は18歳から60歳まで出国できない。経済においても市場経済とは程遠いものです。一種の腐敗経済になっています。

戦争になると、民主主義も人権も自由も市場経済も、すべて崩壊してしまいます。となると、ウクライナ戦争で求められるのは、やはり平和です。トランプはそれが分かっています。

古村　ヨーロッパ諸国は、ウクライナのヨーロッパ連合（EU）加盟申請を長年ほったらかしにしてきました。ウクライナの国家体制と腐敗度がヨーロッパの基準に達しておらず、財政赤字の大きさがEUにとって大きな負担になることを分かっていました。ロシアのプーチン大統領は、ウクライナのEU加盟を容認していました。その際に、「ウクライナの財政赤字を負担する覚悟があるのか」と言っていました。ウクライナは、表面上は西側の国家のふりをしていますが、実態はそうではないのです。戦争になって、腐敗の度合いがより進んでいます。私たちはまずウクライナへの幻想を捨て、実態もきちんと見ることが必要です。

◆後退戦を展開するトランプの歴史的な役割

佐藤　トランプと北朝鮮の金正恩朝鮮労働党総書記がやったことは、私はノーベル平和賞に値すると思います。なぜなら、2016年にヒラリーが大統領になっていたら、確実に朝鮮半島戦争になっていたからです。

これは外務省のホームページにも出ていますが、日本は朝鮮国連軍と地位協定を交わしています。朝鮮半島で武力衝突が起きたら、地位協定に従って、直ちに沖縄のホワイトビーチ、普天間、嘉手納、佐世保、それから横須賀、座間、横田の7基地を提供しないといけないと書いてあります。しかも新安保前ですから、事前協議条項はありません。

この7基地はアメリカ軍が活動する拠点ですから、北朝鮮が先制攻撃しても国際法違反ではありません。そのことを考えた場合、トランプが北朝鮮の金正恩と3回会談して、一定の合意を得たことの重要性が分かります。

ここに注目している人はあまりいませんが、トランプはこの時の約束を守っています。金正恩もトランプとの約束を守っている。核実験をやっていない。大陸間の弾道ミサイルの実験もしていません。弾道ミサイルをロフテッド軌道で高いところに上げても、実際に北米大陸まで飛ぶのかどうかは分からないのです。

トランプがやったことで、東アジアの安全が獲得され、私たちは裨益《ひえき》したのです。こういうことを、みんなきちんと見ていない。アメリカの大統領がバイデンのままだったら、わけが分からないうちに戦争に巻き込まれます。ハリスになっても戦争のリスクが高まります。

古村　今、ウクライナ戦争と、イスラエルとハマスの紛争で、アメリカの手がアジアにまでは回りません、それだから、平和が守られていると言えるわけです。結局、バイデン政権には、この2つの戦争をやめさせて、中国や東アジアに注力したいという考えがあります。

佐藤　恐らくそう考えていたのでしょう。しかし実現できません。トランプの歴史的な役割は、「偉大なアメリカをもう一度」と言いながら、後退戦をずっと展開しています。見事な後退戦です。彼は中国、あるいはロシアを睨んで、じりじりと後退している。バイデンのように虚勢を張っていると、最後は背中を向けて逃げ出さなければなりません。

トランプが神がかりになって、平和のほうにドライヴがかかる可能性があると思います。ウクライナでも、ガザでも、そして東アジアでも、とにかく平和へと突き進むと面白いと思います。

古村　そうなると、民主党の中に分裂が起きるでしょう。ヒラリー・クリントンを筆頭とする民主党の人道的介入派勢力が、今まで正義を掲げてやってきたけれども、自分たちがやってきたのは、結局、平和を乱す行為だった。民主党内には、ヒラリーたちに対する反感が根強くあります。そして、心ある人々は民主党から離れていきます。その代表が、民主党全国委員会副委員長を務めたトゥルシー・ギャバード元下院議員です。

民主党系が自分たちのやってきたことこそが平和を遠ざける行為だったと反省すれば、アメリカ外交も少しは改善していくかもしれません。しかし、私は民主党系が反省することはないと考えます。

佐藤　まさしく彼らが、正義を壊しているのでしょう。平和の大枠の中に正義があるとすると、平和か正義か、平和か人権かという二項対立を作っていくと、平和が崩れると、すべてが崩れる。

古村　そういう大きな思考転換が、これから民主党内で起きてくるかどうかです。

佐藤　トランプが次の大統領になったとします。それで1年か1年半ぐらいで、アメリカの著名な知識人が「トランプ革命の意義」というテーマの本を書くと思います。ヒトラーが出てきたときに、ハイデガーが、ヒトラーの行動を理論化するのと一緒です。

重要なのはイデオロギーです。トランプがバンバン無意識に言っていることの点と線をつなげて、ここには、こういう意味があると読み解くことが重要になる。だからハイデガーのような人が必要になるわけです。

例えば、第２次世界大戦でアメリカが開戦した時、フランクリン・ルーズベルト（１８８２-１９４５）大統領の行為を正当化したのは、新正統派の神学者ラインホルド・ニーバー（１８９２-１９７１）です。ニーバーは『光の子と闇の子 *The Children of Light and the Children of Darkness*』でアメリカの開戦を、『アメリカ史のアイロニー *The Irony of American History*』で冷戦政策を正当化しました。

古村　ラインホルド・ニーバーは牧師としてキャリアをスタートさせ、演説家としてアメリカ政治に影響を与えました。社会主義的な立場から戦後は保守的な立場に代わっていった人物です。「神よ、変えることのできないものを静穏に受け入れる力を与えてください。変えるべきものを変える勇気を、そして、変えられないものと変えるべきものを区別する賢さを与えてください」という「ニーバーの祈り *Serenity Prayer*」の言葉は日本にも紹介されました。

第2章

民主党の反転攻勢とアメリカで進む分断

◆バイデン撤退からカマラ・ハリスへの交代劇

古村　2024年のアメリカ大統領選挙は、民主党はバイデン、共和党はトランプに早々に決まり、ほとんど動きがありませんでした。一気に流れが変わり、動きが活発になったのは、6月27日のテレビ討論会からです。

　そもそも、6月に大統領選挙候補者討論会を行ったのが異例です。通常であれば、7月から8月にかけて、両党の全国党大会（national《ナショナル》 convention《コンベンション》）で正式に候補者が決まり、9月から3回討論会が行われます。今回は、大統領選挙を盛り上げるために6月に第1回目が開催となりました。

　私は、6月の討論会は、バイデンが失敗することを見越して、バイデンの側近たちが仕組んだ、宮廷クーデタだと考えます。9月まで討論会を行わず、何とかごまかしながら、バイデンを正式の候補者にすることはできたでしょう。しかし、9月の討論会で失敗すれば、民主党としては手遅れ、敗北が確定します。それで、バイデンに現状を認識させること、そして、第1章で触れたように、バイデンにはトランプを殺すしか勝利の

2024年8月20日、民主党の全国大会で正式に大統領候補に指名されたカマラ・ハリス（中央）と、大統領候補を降りたジョー・バイデン（左）。右は副大統領候補に指名されティム・ウォルズ（ミネソタ州）

民主党の重鎮たちも続々と登場して、「ハリス支持」の演説を行った

チャンスはないと分からせ、決断させるために、討論会開催に乗ったということになります。

そして7月13日、トランプの暗殺未遂事件が起き、奇跡的に助かったトランプはヒーローになりました。焦りまくった民主党の幹部や上下両院議員たちが、「お前じゃだめだ。早く辞退しろ」とバイデンに強硬に迫ったのです。彼らはバラク・オバマ元大統領に泣きついて、バイデンを何とかしてくれと頼み込みました。そして、トランプ暗殺に失敗し、ついに万策尽きたバイデンは、7月21日、大統領選からの撤退を表明し、後任候補としてカマラ・ハリス副大統領を支持。7月24日に、国民に向けて撤退表明のテレビ演説を行いました（その後、民主党党大会最終日の8月22日、民主党による大統領候補としてハリスが正式指名）。

民主党は「民主」という言葉を名乗っておきながら、バイデンを降ろすために、非民主的な方法で大統領候補をカマラ・ハリス副大統領に替えました。民主党は、女性でインド系アメリカ人の新しい候補者、カマラ・ハリスとともに、みんなで勝利しようと現在盛り上がっています。

佐藤　今まで民主党党内でも、ハリスのことを無能だとか散々に言っていました。アメリカ政治の専門家の古村さんに伺いたいのですが、突然、湧いたこのハリス旋風は長続きしませんね。

古村　しません。ハリス旋風は英語で言うとbounce《バウンス》（弾む）で、一時的な盛り上がりです。ボールがポーンと跳ねた感じです。大きくバウンドしたボールが、だんだんとバウンドが小さくなっていく状況になると思います。

バウンスではなくてbump《バンプ》（上昇）だったら、長期的に伸び上がって続いていくイメージです。

佐藤　踊り場に上がるような感じですね。

古村　はい。今のところ、彼女の大統領としての資質ではなく、イメージだけが先行しています。果たしてアメリカは、女性で、しかもワスプ（WASP: White Anglo-Saxon Protestant　アメリカのアングロサクソン系のプロテスタントの白人）ではないハリスを大統領として迎える準備ができているか、そして、そんな初めて尽くしの大統領にハリスがふさわしいのか。そこが最重要ポイントです。

佐藤　ニューヨーク・タイムズも躍起になって、カマラ・ハリスの旋風が吹いていると報道しています。あんなに人気のなかったハリスが大統領選で勝つはずがありません。

作り話もいいところです。

今、ドイツのオラフ・ショルツ首相も焦りまくっています。7月24日の記者会見で、ショルツはハリスが「勝利する可能性は非常に高いと思うと期待を示した」という記事が出ていました（7月25日、朝日新聞デジタル）。このハリスへの過剰な期待は、認識の表明という枠を踏み越えた内政干渉です。よほどトランプが当選することを恐れているのでしょう。

バイデン体制の中のエリートたちにとっても、トランプが大統領として再び登場することへの恐怖が形而上的に大きくなっています。天が落ちてくるぐらいに怖いのです。

古村　今回、11月5日の大統領選に合わせて、連邦下院全議席の435議席と、連邦上院100議席のうち33議席で選挙が行われることになっています。

現状、民主党はギリギリです。上院では50人（民主党系無所属4人を含む）とからくも過半数を上回っていますが、下院は211議席で過半数（218議席）に達していません。共和党との逆転を試みても、肝心の大統領選に勢いがないと、下院、上院での選挙で弾みがつきません。

佐藤　自分が落ちることになると、危機感は相当なものですね。『資本論』の中でマルクスが面白いことを言っています。資本家は利益の分配に関しては折り合いがつく。しかし、損失の押しつけ合いになると本当の戦いになる。このように喝破しました。
トランプが銃撃された7月13日以降のフェーズで、損失の押しつけ合いになりました。あの爺さんのために俺が落ちるのは勘弁してくれ。とにかくハリスでもケネディでも誰でもいい、バイデンでなければ、俺（私）の選挙区は何とかなる。これが空前のバイデン降ろしの嵐になったと思います。昨日（7月24日）のバイデンの撤退演説はどうでしたか。

古村　10分ぐらい演説しました。バイデンはアメリカのユニティ unity（団結）とディヴィジョン division（分裂）を強調しました。我々はグレイト・ネイション great nation（偉大な国家）である。それは我々がグッド・ピープル Good people（善良な人たち）であるからだ。そして、フレッシュな言葉、より若い人々の声が必要であり、デモクラシー（民主政治体制）を守るために、トーチを渡す（pass the torch）ということを言っていました。

佐藤　トランプが大統領になると、民主主義が崩れるという認識ですね。

古村　はい。「ノー・プレイス・イン・アメリカ・フォア・ポリティカル・バイオレンス no place in America for political violence」という言葉を使っていました。先のユニティとディヴィジョン、団結・統一と分裂・分断の対比の延長として、アメリカでは政治的な暴力は一切認めません、ということです。同時に、選挙の結果が出た後に、文句を言うなよ、暴れるなよ、というメッセージだと思います。先のトランプ暗殺を考えると、何とも意味深ですが。

佐藤　二重にひっかけていると思いますね。暴力うんぬんを大統領が言い出すと、自己成就の予言になって、暴力が出てくるのです。

古村　そうですね。演説の後半は、自分が何をやってきたか、これから連邦最高裁の改革をしたいと言って終わりました。悔しさ半分、諦め半分という感じでした。

◆ハリス旋風の陰で核のボタンの不安

佐藤　今、ハリス旋風が煽られています。どういうことでしょうか。

古村　やはり新鮮だからでしょう。ですが、端的に言ってごまかしですね。そもそも、誰も投票用紙にハリスとは書いてないのに、いつの間にか民主党の大統領候補になった。時間がなかったとはいえ、他の人の名前も出なかった。誰も出たいなんて言えない空気づくりが行われた。スピードアップで、どんどん進める、そのことに気づかせないためです。人々が「アメリカ初の女性大統領にカマラがふさわしいだろうか」とじっくり考えさせないようにしているのです。

とくに7月21日のバイデンの撤退表明から、民主党の知事も議員もハリス、ハリス、ハリス、ハリスです。ナンシー・ペロシ元下院議長がハリスを支持したのは22日で、少し遅れました。議会指導部は、一応議員たちの話を聞いてからにしました。元大統領のバラク・オバマはまだ支持していません（その後7月26日、支持表明）。

佐藤　オバマ自身はハリスの手腕に不安を持っているのですか。

古村　それもあると思います。しかし、ハリスを有名にしたのは、オバマ自身です。2013年、オバマが大統領の時、当時、カリフォルニア州の司法長官だったハリスを「全米で最もルックスの良い司法長官」と紹介しました。写真を見たら、まあ綺麗ですからね。全米メディアがハリスに注目し、それで彼女の名前が売れました。オバマは、フェミニストからルッキズム（外見重視主義）だと怒られて、謝罪しました。

オバマは、ハリスをあまり優秀ではないと不安に思っているはずです。とくに、奥さんのミシェル・オバマがそう思っているでしょう。

佐藤　ミシェルはいいイメージだし、ミシェルが出たら、トランプに勝てるでしょうね。

古村　そうでしょうね。イメージは最高です。ミシェルはアピール力もあり、誰からもたいへん評価が高いです。

しかし、オバマ夫妻を弁護士だった頃から知っている人物は、ミシェルは頭が良すぎて政治家には向かないと証言しています。政治家は誰とでも笑顔で握手ができないといけませんが、ミシェルは、人と会った瞬間にその人の能力を判断して、自分より下だと思ったら、まともに話さないそうです。

その点、バラクのほうは、頭は良くないけれども人懐っこい。ミシェルは能力が高すぎて、大統領になってからが困るのです。

佐藤　いずれにせよ、民主党にとってもうハリス以外はいないのです。それで進むしかない。バイデンからハリスへの交代は、11月の大統領選までの残り期間を考えると、絶妙のタイミングでした。8月19日からイリノイ州のシカゴで行われる民主党の党大会（8月19－22日）まで、ガチャガチャしている余裕はありません。

古村　じつは、民主党の主流派に批判的な人たちの中には、シカゴでの民主党の全国大会でデモをする計画もあるようです（その後、実際、党大会期間中に2000人超の抗議デモが起き、約70人が逮捕)。シカゴでは、1968年の民主党全国大会で流血の惨事になりました。今回、民主党の主流派や民主党本部の全国委員会は、1968年の全国大会で起きたような流血の事態の再現を避けながら、何としてもハリスで盛り上げていきたいのです。

民主党は民主と名乗りながら、実際には実力者たちの談合で物事が決まっています。民主党内には「名家」が存在し、彼らが牛耳《ぎゅうじ》っているのです。「名家」として、ボストンのケネディ家、ニューヨークのクリントン家、シカゴのオバマ家です。ニューヨークにはクオモ家、シカゴにはデイリー家という、数世代にわたり、ローカル政治を牛耳っていた名家がありましたが、スキャンダルなどで力を失いました。こうした名家、実力者が牛耳るのが民主党の党内政治です。

大リーグのニューヨーク・ヤンキースの試合が終わると、ヤンキースタジアムでは、フランク・シナトラの「ニューヨーク・ニューヨーク」が流されます。ヤンキースのライバルであるボストン・レッドソックスの本拠地フェンウェイパークでは8回裏のレッドソックスの攻撃の際に、ニール・ダイアモンドの「スィート・キャロライン」が流されます。この曲は、ジョン・F・ケネディ元大統領の長女キャロライン・ケネディ元駐日大使のことを歌ったものです。ケネディ家の長女キャロラインはボストンの象徴、お姫様のような存在なのです。

佐藤　今、ハリスが一番恐れているのは、バイデンが辞任して、彼女が大統領代行になることだと思います。とくに外交安全保障の面で、この人に核のボタンを持たせて大丈夫か、という不安が出てくると思います。彼女自身も自信がないでしょう。

古村　アメリカ国内だけではなくて、同盟国の指導者や政府も同じ不安を持っているでしょう。ハリスはどんな人間なのか、大統領を務めるだけの力量があるのか、皆に共通して不安があると思います。さらに言えば、中国の習近平国家主席やロシアのプーチン大統領も身構えているでしょう。

佐藤　バイデンが大統領職に留まっているのも、民主党の大きな戦略です。健康不安が理由でバイデンが大統領選を降りたのだったら、大統領職も辞めないといけないはずです。

古村　共和党側は、バイデンが2期目を目指さないならば、バイデンの職務執行不能を宣言して、ハリスを大統領に昇格させろと言っています。

佐藤　ハリスさんがそんなに有能な人だったら、大統領をやっていただいて、その実績の上で選挙をやられたらいかがですか、ということですね。共和党が言っていることが筋としては正しいのです。

古村　ホワイトハウスをはじめとする民主党側は、バイデンは健康不安で辞めるのではないと言い張っています（笑）。あくまで、若い人の声、新鮮な声を入れて、デモクラシーを守るために、バイデンは身を引く。バイデンの健康状態が悪くなくて、落ち度もなければ、選挙を続ければよいのに。

佐藤　実際は、バイデンは健康不安で辞めるのですから、健康不安な人が核のボタンを持っていいはずがありません。プーチンとゼレンスキー、ハリスとトランプの区別がつかない人（どちらも7月11日のバイデンの言い間違い）が、核のボタンを持って大丈夫かということです。

古村　ようするに、バイデンは大統領の職を務められるのか、核のボタンを彼に預けて大丈夫なのかということですね。

佐藤　まさしく、その議論を封印したいのです。ハリスでもっとも不安視されるのは安全保障政策で、核管理の問題です。

トランプは前回、大統領だった4年間（2016－2020年）で、少なくとも軽々に核のボタンを押さない人だと分かっています。とくに北朝鮮との交渉を、核がからむ瀬戸際交渉にしなかったのは、トランプの極めて有能な直感力と平和愛好的な資質です。やはり核兵器を使わないことにおいて、トランプには安心感があります。

その点、ハリスは勢いのままに、その時の状況に追い詰められる可能性があると思います。

古村　ハリスには、政治経験がほぼありません。国内において、困難な交渉事を経験していないとなれば、より複雑な外交交渉での押し引きができるとは思えません。ハリスが外交関係に対中強硬派、人道的介入主義派を起用する可能性は高いですから、「自分たちは正しい。自分たちの言うことを聞け。さもなければどうなるか分からないぞ」という姿勢で、核使用をちらつかせる可能性があります。

◆国家権力を背景に仕事をしてきた弱点

佐藤　アメリカの大統領として、主要国との首脳会談や実際の紛争をどう解決するのかは、待ったなしですね。

古村　その点、ハリスはまったく経験がありません。カリフォルニア州の地方検事（検察官）から、2011年にカリフォルニア州司法長官（Attorney General《アトーニージェネラル》）に就任しました。司法長官というのは検事総長のような職です。その後、2016年に上院議員に当選。2020年の大統領選挙に出たけれども、早々に撤退しました。バイデンを支持してバイデン政権の副大統領になったという経歴です。

選挙に弱いというよりも、選挙をほとんどやっていません。カリフォルニア州で上院議員になるのは、民主党の候補になれば100％勝つのです。2020年の民主党の大統領予備選挙では、最初の評判は良かったのに、どんどん下がっていきました。

彼女の立場がどこに立脚しているか、左派なのか、中道派なのか、右派なのか、まったく分からなかった。党内全体からの支持を得ようとして彼女自身は物事をはっきり言わなかった。総花的だったので、かえって誰からも評価されないということになり、選挙資金も集まらなくなって、かなり早い段階で撤退しました。

佐藤　もう1つ見ないといけないのは、ハリスの検察官という職業です。

戦前の日本の近衛内閣に代わって発足した平沼騏一郎内閣（在任1939年1月－同年8月）を思い出す必要があると思います。第35代首相の平沼騏一郎は、ハリスと同じように、もともと検察官で検事総長まで上り詰めた政治家です。

平沼内閣の1939年、ドイツはソ連と独ソ不可侵条約を結びました。当時、日本は日独伊三国防共協定を結んでおり、味方であるはずのドイツが、ノモンハン事件で戦った敵のソ連と手を結ぶ事態に、平沼騏一郎は「欧州の情勢は複雑怪奇なり」と内閣を総辞職しました。

平沼がこれで辞めるのは、当時の日本人が外交音痴だったことが理由ではないと思います。例えば、同じ首相という立場でも、広田弘毅（第32代）、近衛文麿（第34・38・39代）、あるいは東條英機（第40代）だとしたら、複雑怪奇とは思わず、あり得ることだと思ったでしょう。

古村 広田弘毅はエリート外交官、近衛文麿は華族の中でも将来を嘱望された政治家、東条英機は父の代からのエリート軍人という背景でした。平沼騏一郎は司法畑で育ち、司法大臣も務めました。平沼内閣待望論が出た時、最後の元老となった西園寺《さいおんじ》公望《きんもち》が反対したという話が残っています。西園寺は平沼が検事上がりで、生粋の司法畑の人物であり、柔軟性に欠けていることに不安を持っていたと考えられます。

佐藤 検察官という仕事は、国家権力を背景にして、自分の意図をいつも実現させます。ハリスはそういうスタイルでしか仕事をしていません。さまざまな力が複合したところでの折り合いをつけるという、ニュートン力学的な力の均衡を検察官は一番分からない人たちです。

今、検察のさまざまな不祥事が出てくるのも、後ろに国家権力を背負い、なんでも力でねじ伏せることができる、という発想の人たちだからです。こういう人が外交や安全保障の責任を負うのは怖いと思います

古村　100か0か、白か黒かで分けるのですね。それでは妥協や駆け引きが必要なディール（取引）がまったくできません。検察官というのは、自分が作ったストーリーを証明していく作業をずっとやっていく。

私は、先生の書かれた『国家の罠――外務省のラスプーチンと呼ばれて』（新潮社）を読み、そうした実態を知りました。検察官の見立てというストーリーに容疑者を押し込める取り調べの様子に恐怖を覚えました。私なら耐えられずに、すべてを認めてしまうでしょう。「国策捜査」という言葉もその時に知りましたが、検察という存在は、国家の武器であることがよく分かりました。

◆異論を認めないハリスに外交はできない

佐藤　今までハリスは検察官的なやり方で失敗したことは一度もありません。彼女のキャリアは成功体験の連続です。検察官的なやり方で正義を掲げても、力で相手をねじ伏せることができない経験を経て失敗しない限り、彼女のやり方は変わりません。

古村　ハリスは検事として、成功体験を積み重ねたが故に、政治家になり切れずに、政治家として大失敗をするということですね。

佐藤　そういうことです。

古村　政治家であれば、いろんな有権者の意見や要求を聞きながら、そして、政治家同士の取引をしつつ、さまざまなディールを行います。アメリカの議会政治は党議拘束がないので、自分の党でも反対者が出ることがあります。そこで、政党幹部や大統領は、相手と話して、説得する必要があります、

その点、バイデンは、１９７３年、29歳でデラウェア州の上院議員に当選し、30年以上、上院議員を務めました。しかも上院で外交政策に取り組み、外交委員長もしていま

した。たいへん老練な政治家だと思います。

佐藤　そうです。バイデンは学歴詐称やロー・スクール時代の論文の盗用疑惑など、いろいろありました。しかし、苦労人で、底辺から這い上がってきた男です。

ハリス政権になると、韓国の尹錫悦（ユンソンニョル）政権（2022年－　）に似てくると思います。尹錫悦もまた元検察官、検事総長です。自分の正義だけで相手をずばっと割り切る、たいへん怖い政権になるでしょう。

古村　怖いですね。アメリカの正義を前面に押し出して、しかも異論は認めない。それで、言うことを聞かないならば、最終的に攻め滅ぼすぞというところまでエスカレートします。アメリカの思い通りの世界には、多様性が存在しないということになります。

佐藤　そうです。これは法廷審議のやり方です。しかも、民事法廷ではなくて刑事法廷です。数日前、ハリスはトランプのことをフェロン felon（重罪人）と呼びました。重罪人というのは、政治の競争相手ではなくて、逮捕して監獄に突っ込まなければいけない人のことです。トランプが相手だから国内で済むのですが、習近平やプーチンに言ったら、大変なことになります。

古村　首脳会談が成立しません。話がまったくできなくなる。世界には国家権力よりも強力な、上位の機関は存在しません。世界は、無秩序（anarchy アナーキー）の状態である。これが国際関係論の原則です。交渉、ディールができないと問題は何も解決しません。いきなり戦争をするということになりかねません。

佐藤　戦争は違法化の傾向にありますが、完全には禁止できていません。今までハリスは副大統領として、後ろにバイデンという権力がありました。ハリスはまだ独り立ちしていません。今は選挙運動中で、イメージ戦略でいいかもしれませんが、彼女が実際に責任を負う立場を維持できると見なされないと、当選できないと思います。

古村　ハリスは副大統領として、外交の経験はほぼありません。儀礼とか儀式はあるでしょうが。

佐藤　実際にやっているのは、移民政策ぐらいでしょう。

古村　はい。ハリスは不法移民対策担当です。ですが、結局何もしていない、できなかったという評価になっています。初の外遊先となった中米のグアテマラでの記者会見では、「(アメリカに) 来ないで Do not come !」とグアテマラの移民希望者に言うだけでした。中南米からの不法入国に対して、何の有効な手も打てずにいるのが現状です。

ここで話が脱線して申し訳ないのですが、私がハリスについて興味深いと思ったのは、彼女の出自です。ハリスのお父さんはジャマイカから来た移民で、お母さんはインドから来た人です。アフリカ系（黒人）・インド系という2つの人種アイデンティティを持ち合わせています。子供の頃には、バプテストの黒人教会に通って聖歌隊に入っていました。キリスト教の神学の専門家である佐藤先生に、このことの意味をお伺いしたいです。

佐藤　ハリスのバプテストとトランプの長老派（プレズビテリアン）は対極的です。バプテストは、自覚的に信仰を持たないと洗礼を受けてはいけません。成人にならないと洗礼に与《あずか》れないのです。アメリカでは４０００万人以上信者がいる主流派で、日常の心がけや清い生活、回心（罪を悔い改めること）や自己決定が重要とされます。

それに対して、トランプのカルヴァン派は自己決定とは関係がありません。生まれながらの運命で選ばれていて、バプテストとは決定的に違っています。

古村　私もアメリカ留学をして、実際に生活していたのですが、恥ずかしいことですが、バプテストとプレズビテリアンという言葉はよく聞いていたのですが、違いについてはまったく知りませんでした。トランプとハリスの信仰の違いから、2人の行動原理の違いが見えてきそうです。人間中心の「自己決定」と受身的な「神から選ばれること」の違いは、極めて重大な決定をする際に、大きな違いとして出てくるのではないかと私は考えます。

◆ヒラリーがロールモデルだと世界戦争になる

古村　外交では、ハリスのロールモデルは、ヒラリー・クリントンです。ヒラリーはオバマ政権の時の国務長官です。２０１６年の大統領選で民主党の候補でした。

佐藤　ヒラリーはネオコンのイデオロギーを持っています。それに対して、ハリスは何らかのイデオロギーを持っているとは思えません。それぞれ1つのことに対して状況対応しているだけです。とにかく悪は許さない。犯罪を許さないという検察官そのものです。

古村　ヒラリーに対してもそうですけど、ハリスは民主党内の進歩主義派から厳しく批判されています。前にも述べましたが、２０２０年の大統領選の時、自分を左派と見られないようにしようとして、結局どっちつかずになって、埋没してしまいました。カリフォルニア州の検察官だった時、相当の数の黒人有権者を微罪で捕まえて刑務所に送っています。「お前は警察官と一緒じゃないか」と進歩主義派から嫌われています。

一方、ヒラリーは、長年、アメリカの政治全体に根を張っています。ビル・クリントン政権（1993年1月‐2001年1月）時、彼女がファーストレディでした。あの時は、選挙で選ばれていないし、副大統領でもないヒラリーが健康保険改革を主導して失敗しました。

佐藤　正当性がなく、人事や政策に容喙《ようかい》していましたね。

古村　そうです。夫のビル・クリントンがアーカンソー州知事を務めていた時も、ヒラリーが実質的な州知事だったという評価もあります。ビルの大統領退任後の2001年にニューヨーク州選出の上院議員になりました。

ヒラリーは、国際派、グローバリストたちの頭目《とうもく》です。その点、ハリスは、カリフォルニアのただの田舎の検察官上がりです。大学はワシントンDCにあるハワード大学という黒人大学（black university）です。ブラック・ハーヴァードと言われ、黒人しか行かない大学の中では一番いい大学です。

大学卒業後、カリフォルニア大学ヘイスティングスのロー・スクールに進んでいます。1度、カリフォルニア州の法曹資格試験に落ちました。後に「試験では実力は測れない」と、わけの分からない言葉を残しています。

佐藤　そこも超秀才のヒラリーとは違うわけですね。

古村　違いますね。ヒラリーは、アメリカ北東部の名門女子大学、セブンシスターズの1つウェルズリー大学からイェール大学のロー・スクールに行き、そこでビル・クリントンと出会いました。

ついでに言うと、ビル・クリントンは学部時代に、ワシントンDCにあるジョージタウン大学に行っています。ジョージタウン大学はイエズス会系で、外交が強い。ワシントンにあって外交官がたくさん出る学校です。

1度、私が語学研修で行った時に、寮（ドミトリー）に泊めてもらいました、その寮にはビル・クリントンがいたそうで、その看板が飾ってありました。学校の中を歩くと、立派な教会がありました。私が行った南カリフォルニア大学には、そんなのはありませんでした。

佐藤　ハリスが大統領になると、ヒラリーのように価値観や人権を押しつけてトンチンカンなことになるでしょう。ヒラリーは本当にネオコン的でしたからね。

古村　はい。ヒラリーは国務長官時代に、アラブ世界を大混乱させた「アラブの春」（2010-2012年）を、フェイスブック Facebook などSNSを利用して国務省にやらせました。これらの真相を、私は最初の著書の『アメリカ政治の秘密』（PHP研究所、2012年刊）で書きました。国務省のお金で研修を受けさせた人たちが、デモの先導をしていたことが分かっています。

アラブの春でサハラ砂漠以北の各国家の独裁者たちが追い落とされました。しかし、各国が不安定な状況に陥る中で、リビアでヒラリーの腹心だったクリストファー・スティーブンス大使を含む4人が殺害されたベンガジ事件（2012年）が起きました。この事件は、アラブの春に対する反動、ブローバック（blow back）と言えます。

佐藤　これは、アメリカの地域研究の弱さを反映したものですね。要するに人権が確立していない、神権が生きている国で、民主的な制度で選挙したら、神権を唱える人を選ぶに決まっています。民主的な手続きで非民主的な政権ができるに決まっているのです。

古村　アメリカ主導の民主化は、まず非民主的な体制を打ち倒して、民主的な制度を導入すれば良いという粗雑なものです。アメリカ主導の民主化が失敗するのはこの粗雑さが原因です。まったく土壌の違う場所に、別の場所で茂っていた植物を植えても枯れてしまうのと一緒です。ハリスの理想主義、100か0かの二元論的正義感では、世界の複雑さに対応できず、最終的に武力に頼る、世界規模での戦争にまでエスカレートするということが考えられます。

◆民主党の副大統領候補は誰になるのか

古村　民主党は8月の前半までに、副大統領候補まで決めないといけません。先日、オハイオ州が、8月7日までに候補者を認定しなければいけないという法律を作りました。共和党の嫌がらせです。

おそらくインターネット投票でハリスを候補者にして、ハリスが早めに副大統領候補を発表するという流れになると思います（民主党全国大会前の8月6日、ハリスはミネソタ州のティム・ウォルズ知事を副大統領候補に指名）。

副大統領候補は、ハリスとのバランスを取り、激戦州（ペンシルベニア、ミシガン、ウィスコンシン、ノースカロライナ、ジョージア、ネバダ、アリゾナの各州）出身の白人男性でしょう。この条件を当てはめると、該当しない人が出てくる。例えば、ミシガン州知事のグレッチェン・ホイットマー（53歳）です。ミシガンは激戦州ですが、ホイットマーは女性だから副大統領候補にはなれないでしょう。カリフォルニア州知事のギャビン・ニューサム（56歳）は、ハリスと同じ州です。正副大統領候補は同一州出身ではいけないという規定があります。この2人は2028年の大統領選にとっておくことになります。

マーク・ケリー（60歳）というアリゾナ州の上院議員は、海軍のパイロットから宇宙飛行士になったというアピールポイントがあります。しかし、ハリスのカリフォルニア州とアリゾナ州では西に偏り過ぎます。やはり、激戦州であるペンシルベニア州で支持率の高い州知事のジョシュ・シャピロ（51歳）が一番人気ですが、根強い反対論があります。

佐藤　シャピロの名前はよく聞きますよね。

古村　有力候補と言われたノースカロライナ州知事のロイ・クーパー（67歳）も降りました。この人は、堅実なタイプの南部の立派な男という感じの人です。

佐藤　民主党の全国大会（8月19日開催）までに副大統領候補が決まってなかったら、大変なことになりますね。

古村　大変なことになります。ケンタッキー州知事のアンディ・ベシア（46歳）を推す声があります。ケンタッキーだと激戦州の五大湖周辺なので、いろいろと選挙運動がしやすくなります。私の予想では、アンディ・ベシアが1番、2番は、やはり安定感があるマーク・ケリーです。

佐藤　他に可能性がある人はいますか。

古村　ピート・ブティジェッジ（42歳）という今のバイデン政権で運輸長官を務めている人がいます。２０２０年の大統領選に出馬して以来、私は注目しています。

　彼は自らゲイであることを公表し、パートナーとの間に、子どもを２人養子で育てています。インディアナ州のサウスベンドという町で生まれ、ハーヴァード大学を卒業しました。29歳で地元のサウスベンド市長に就任しています。市長在任中に、軍務でアフガニスタンに行きました。たいへん優秀で面白い経歴の人です。

佐藤　軍歴があるのですね。

古村　情報将校、語学将校として従軍しました。語学に堪能で、ノルウェー語、ドイツ語、ダリー語（アフガニスタンのペルシャ語）、アラビア語、英語。フランス語もできるようです。マルチリンガルで、これまでのアメリカの政治家にいないタイプだと思っていました。ただゲイだという要素があります。

佐藤　アメリカは今までゲイの閣僚はいましたか。

古村　オープンにしている、公開している人はいなかったですね。同性愛者だと分かると、下手すると殺されてしまいます。ロサンゼルスでは、ウエストハリウッドという地域に、同性愛の人たちが集まります。そこでよく殺人事件が起きていました。ハリウッドの隣なので治安がいいところなのですが、それでも襲われたりします。

ブティジェッジはLGBTQ＋なので、アメリカのメインストリームになるのは厳しいと思います。

佐藤　こういう人が出てきたほうが、トランプにとってはありがたい話ですね。

古村　ブティジェッジは言語明晰、論理的な話ができて、ディベートに強い。ヴァンスとの副大統領候補の討論会も1回あるので、そこで彼の明断さが出ると有効だという意見もあります。

トランプが78歳、バイデンが81歳、ハリスは59歳です。対してブティジェッジはまだ42歳。ヴァンスも39歳で。若者層にアピールすると思います（前述のようにその後、ミネソタ州のティム・ウォルズが指名受諾）。

◆内戦へと向かうアメリカの危機的な現実

古村　今回、共和党も、民主党のほうも急速に盛り上がっています。この盛り上がりが逆に怖い。選挙の結果、どちらが勝つにしても、相当なフラストレーションを抱えます。パンパンに膨らんだ風船が、何かのきっかけで破裂するようなことが起きると予想されます。

佐藤　アメリカの分断を加速するでしょう。トランプ支持者の場合には、銃に訴える可能性もあります。

古村　民主党側にも同じことが言えると思います。民主党員は都市部に多いので、都市での暴力、テロが起きるかもしれません。トランプの暗殺未遂のことでも、もう1度、暗殺の試みがあったりすれば、暴動というよりも、アメリカは内戦状態になると思います。その危険性をみんな感じています。

それに関連して、今年の4月、アメリカで『シビル・ウォー（*CIVIL WAR*）』という映画が公開されました。

佐藤　まさに内戦ですね。

古村　監督はイギリス人のアレックス・ガーランドという、少し難しめの映画を作る人で、アメリカ国内でヒットしました。日本では10月に公開されるそうです。

どういう話かと言うと。カリフォルニア州とテキサス州を合わせた19の州が、ファシストになった大統領に対抗して、内戦が起きます。ジャーナリストたちが取材をしながらワシントンに向かうという話です。

アメリカ人には、内戦が起きるかもしれない、政治的な暴力が深刻化するかもしれないという大きな不安があります。その不安をこの映画が揺さぶったのだと思います。

また、2022年に、バーバラ・ウォルターというカリフォルニア大学サン・ディエゴ校の教授が、『アメリカは内戦に向かうのか』（井坂康志訳、東洋経済新報社、2023年刊）という本を書きました。

ウォルターはアノクラシー（anocracy）、部分的民主政という状態を定義しています。完全に民主政体でもなく、完全な独裁でもない体制の時に、内戦が起きると言っています。今、アメリカは、基本的には完全に民主政体だという建前です。これが変容してきていると思います。独裁体制（dictatorship）を志向しているというわけではないのですが、強力な指導者、前に述べたストロングマンを求める動きが強まっていると思います。それがトランプということになります。

佐藤　なるほど、結果としてですね。

古村　ウォルターによると、このアノクラシーという状況に陥ったのが、1991年から2001年まで内戦が起きて、6つの共和国に解体した旧ユーゴスラビアです。アノクラシーになると、人々は人種や民族、政治結社などのアイデンティティに頼りだします。

佐藤　ドイツの哲学者ユルゲン・ハーバーマス（1929－　）が、『未来としての過去』（原題 *Vergangenheit*《フェアガンゲンハイト》 *als*《アルス》 *Zukunft*《ツークンフト》 河上倫逸《りんいつ》・小黒孝友訳、未来社、1991年刊）という本を出しています。共時的な中において理想的なモデルが見つけられない場合には、通時性の中で過去から持ってくる。そうすると、それは民族かエスニシティになる。これがユーゴスラビアでこれから起きる危険である。ハーバーマスが、ユーゴスラビアの内戦が起きる前に書いた、たいへん優れた論稿でした。

古村　なるほど。ハーバーマスは、1962年に出した『公共性の構造転換』（原題 *Strukturwandel*《シュトルクトゥーアヴァンデル》 *der*《デア》 *Öffentlichkeit*《エッフェントリヒカイト》 細谷貞雄・山田正行訳、未来社、1973年）という著書で知られています。この本は、公共圏（public《パブリック》 sphere《スフィア》）の変遷を取り上げ、現代における公共

2024年4月に公開された、アレックス・ガーランド監督『シビル・ウォー』は、内戦勃発寸前のアメリカの現状をあからさまに作品化している

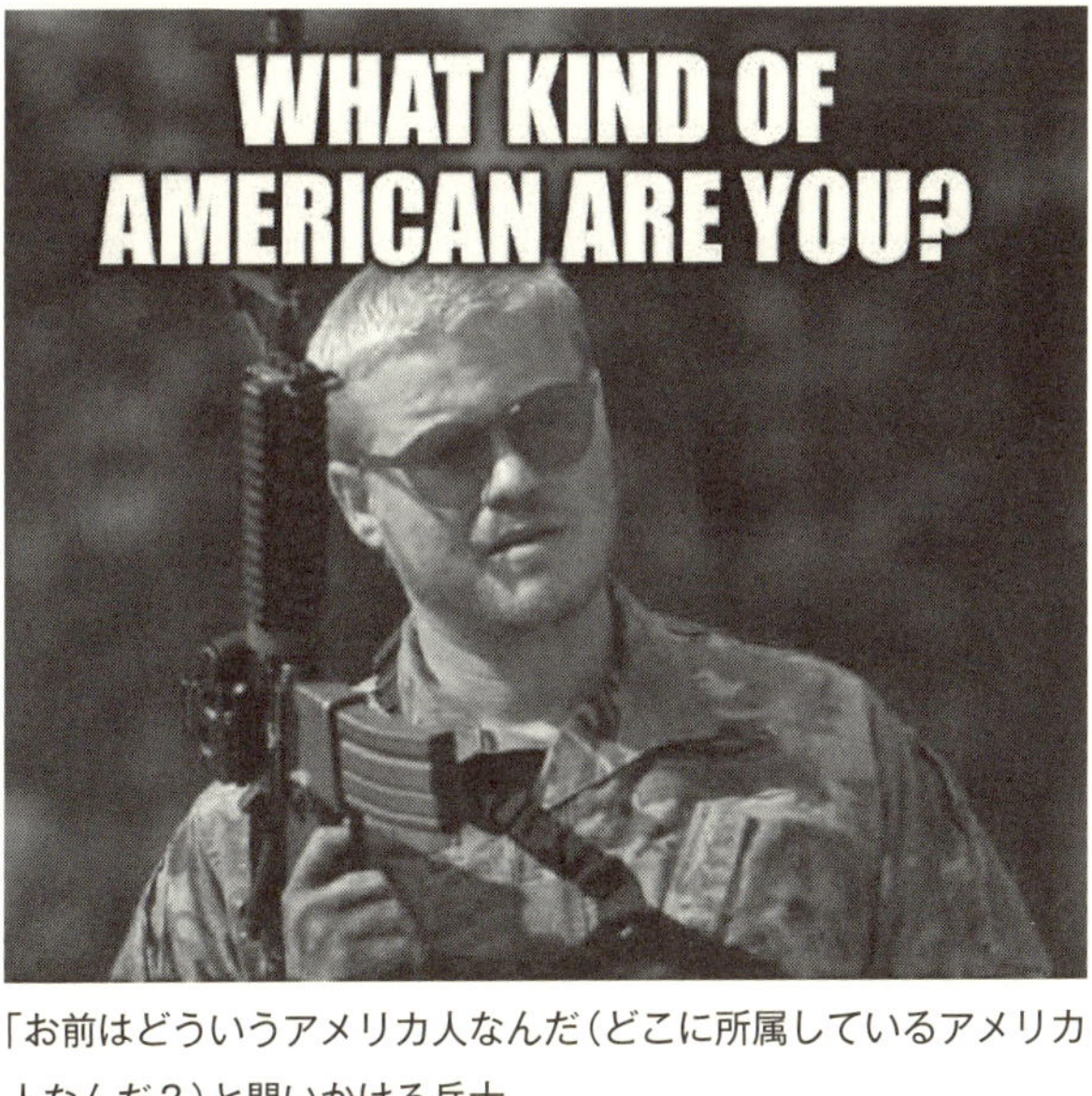

「お前はどういうアメリカ人なんだ（どこに所属しているアメリカ人なんだ？）と問いかける兵士

性の再生について論じています。脱線しましたが、先生が指摘されているように、民族エスニシティという、封じ込めた過去の亡霊が復活してしまったということになります。

アメリカも、ウォルターが書いたことが現実になっています。経済格差と人種など、2つ以上のアイデンティティが結びつくと、スーパーファクション（super faction）、超派閥という1つ大きなグループができる。それがユーゴスラビアの分裂解体を招いたボスニア・ヘルツェゴビナ紛争（1992-1995年）を主導したセルビア人勢力の指導者、ラドバン・カラジッチ（1945- ）たちのグループです。そのようなグループが政治暴動を主導すると、ウォルターは言っています。

佐藤　カラジッチはボスニアでクロアチア人やモスレム（イスラム教徒）を大量虐殺した罪で、終身刑になっていますね。

古村　はい。もう1つは、もともと社会的に高い地位にあったグループが、その地位を失う、彼女はこれを格下げ（downgrade《ダウングレイド》）と呼んでいますが、それに対する憤激によって暴力に走ることもある。今のアメリカだと、白人がこれに当たりますね。

佐藤　旧ユーゴスラビアだと、セルビア人ですね。

古村　ユーゴスラビアは、さまざまな民族が混在していたのが、愛国主義というか、セルビア第一主義になって、他の民族の人々を排除する方向に暴走しました。

佐藤　ユーゴスラビア紛争を理解させる時に、私は大学生たちに『ネレトバの戦い』（1969年）という映画を見せます。ユーゴスラビア映画ですが、アメリカからユル・ブリンナーと、ロシアからセルゲイ・ボンダルチュクが入って、米ソ双方の一級の俳優が演じています。第2次世界大戦で実際に行われた戦闘「ネレトヴァの戦い」に基づいています。

圧倒的多数のドイツ、イタリア、クロアチア、セルビア王党派の枢軸軍を出し抜いて、ネレトヴァ橋を渡り、どのように退避するかという、ユーゴスラビアのパルチザン部隊、チトー軍の戦いです。チトー軍には、正教徒もいて、カトリック教徒もいる、モスレムもいる。さまざまな宗教が混在していたのに、どうして統制が取れていたのか。

枢軸軍側がみんな排外主義的な軍隊であるのに対して、チトー軍だけが内部での紛争を起こしません。なぜかというと、共産主義という上位概念があったからです。この映画を見るとよく分かります。

古村　なるほど、そうですね。ガーランドの映画『シビル・ウォー』の予告編では、途中でジャーナリストたちが襲われて、撃たれそうになります。「待ってくれ。ウイ・アー・アメリカン We are American.（我々はアメリカ人だ）」と叫んだ時に、撃とうとした男が、「ホワット・カインド・オブ・アメリカン・アー・ユー？ What kind of American are you?」と問いました。

佐藤 どういうアメリカ人だと。

古村 そうです。ジャーナリストたちは今までそんな質問をされたことがない。アメリカ人はアメリカ人ですから。それでまとまることができた。チトー軍における、共産主義という上位概念が、「アメリカ人である」という共通意識です。だけど、「お前はどのアメリカ人で、どこに所属しているアメリカ人なんだ？」ということが重要になった。アメリカでは、「ホワット・カインド・オブ・アメリカン・アー・ユー？」という言葉、問い掛けが、アメリカの分断の深刻さを表す象徴的な言葉になると思います。同じアメリカ人、同じ星条旗の下では同胞という認識が失われつつあります。

佐藤 今、ロシアは半分ぐらい中東のルールが適用されています。これがどんどん拡大していって、ヨーロッパでも中東のルールが適用されるようになる、世界が中東のルールでやるようになると、結局、外交ゲームに殺しが入ってきます。

外交ゲームに殺しを入れると、内政にも入ってくる。内外政において殺しまで選択肢に入ってくると、外交ゲームも内政も従来とかなり違ってきます。今回のトランプの暗殺未遂事件も、アメリカの政治に殺しというファクターが入り始めている兆しなのでしょう。

古村　暗殺事件自体は、アメリカ史ではたくさんありました。直近では、1981年のロナルド・レーガンの暗殺未遂事件にまでさかのぼります。暗殺（未遂）事件としては43年ぶりです。アメリカの民主政体（デモクラシー）は暴力と切り離すことができない一面があります。しかもアメリカは銃を持っていい国ですからね。

佐藤　憲法上保障されている権利です。

古村　ミリシア（militia 民兵）も作っていいことになっています。中央政府の圧政に抵抗する抵抗権（Right of Resistance《レジスタンス》）はアメリカ独立宣言（1776年）で認められています。何かあれば、内戦はすぐだと思います。

◆内在する差別の実態と移民のリアル

佐藤　私はアメリカでは長く生活したことがありません。アメリカはイギリスと違って、階級制や身分的なものはありませんね。

古村　階級制や身分意識というものはないですね。私がいたロサンゼルスは白人の人口割合が半分以下、露骨な人種差別は存在しませんでした。市の公用語は英語とスペイン語で、英語以外のサービスも充実していました。これはかなり例外的ではあると思います。

差別に関して、笑い話のようなエピソードが1つだけあります。12月7日、日本軍がハワイを奇襲したパールハーバー攻撃の記念日です。私が当時住んでいたのはコリアタウンでした。近所を歩いていたら、車に乗った3人ぐらいのヒスパニック系の少年たちが、窓を開けて、パールハーバーがどうこうと私に言ってきました。幸いにも何もされず、彼らはそのまま行ってしまいました。私はまだ英語が不得手でしたので、何を言われたのか、よく聞きとれませんでしたが、私に対して侮蔑的なことを言ったのだろうということは分かりました。彼らが見れば、日本と韓国の区別もつかないんだなということが分かりました。

大学の仲がいい職員の人にそのことを言うと、少し嫌な顔をして、申し訳なさそうな態度でした。最後に私が、「だけど、彼らが乗っていたのがホンダの車なんだよね」と言うと、すごく笑ってくれた。「やっぱり、日本車はいいよね」という話で終わりました。それぐらいで、とくに差別を感じたことはありません。

差別的な態度を目撃したのは、コリアタウンからほど近い、私がいつも行っていたラルフスというスーパーでのことです。レジで、子どもを5人ぐらい連れているヒスパニックの女性がフードスタンプで支払っていました。

貧しい人に支給されるフードスタンプを使うと、食料品が無料になります。普通にお金を払うのと違って、手続きが少し面倒です。どうしてもその後ろに列ができてしまいます。私の前に並んでいた白人の中年女性が露骨にうんざりした態度で、「嫌よね。どうしてここで買うのかしら」と私に話しかけてきました。貧しい人が住む地域があるのに、わざわざ中レベルのここで買わなくてもいいのに、というわけです。そのヒスパニック女性は聞こえないふりをしていました。

差別ではありませんが、大学では、東部出身の先生たちは、いつもきちんとシャツと上着を着て、話す英語もイギリス英語に近い発音でした。スタッカートが利いたメリハリがある感じです。私個人の感想ですが、東部の英語は気取った感じに聞こえます。黒人の先生はやはり黒人風の英語を話していました。南部訛りに近くて、ゆっくりなんですが、途切れなしで続く感じです。

佐藤　ロシア語では、黒人のことをネグリチャーンと言います。英語ではニグロNegroですね。

古村　黒人の人が自分たちをニグロと言うのは構いません。学問的なことや、昔の野球で黒人だけのリーグをニグロリーグと呼んでいたように、名称でニグロと言うのも大丈夫です。でも、日本人がニグロという言葉を使うと、たいへんなことになる。チンクchink（中国人の蔑称からアジア人全体の蔑称になった）と言われるようなものです。日本人に対しては、ジャップJapやニップNipで、ニップが一番悪い言葉ですね。アメリカの移民問題の背景には常に人種差別がありました。

佐藤　移民が来ないようにするには、入国管理を厳格にしている日本のスタイルしかありません。ある意味、今のところ日本は、移民問題を解決できていますね。

古村　そうですね。今、日本にいる外国人は、2023年末で341万人です（法務省在留外国人統計）。2001年の段階では178万人で、この20年ほどで2倍になっています。しかし、諸外国に比べると、深刻な問題になっていません。

佐藤　移民排斥を掲げるドイツのAfD《アーエフデー》「ドイツのための選択肢」やフランスのRN「国民連合」（旧FN「国民戦線」）が狙ったのは、まさに日本化ですね。

古村　国民連合の元党首のマリーヌ・ル・ペンは親子揃って日本びいきです。マリーヌも、マリーヌ・ル・ペンのお父さんのジャン＝マリー・ル・ペンも日本のことをよく研究しています。そして、血統主義がメインの日本の戸籍法を評価しています。娘のマリーヌは父のジャン＝マリーよりも穏健な姿勢を取っています。

アメリカでは、食肉工場や建設現場、果物の収穫など、日本で言う３Ｋ（きつい、汚い、危険）の仕事は誰もやりたがりませんので、不法移民（illegal《イリーガル》 immigrants《イミグランツ》）が担うことになります。不法移民は替えが効くし、文句も言いません。文句を言えないのです。彼らが安い賃金で働くから、製品の安い価格を維持できているのです。本当は、不法移民がいてくれないと困るのです。

佐藤　たしかにそうですよね。

古村　壁を作って移民を入れないぞと言いながら、白人の人たちがそんなきつい肉体労働をやるかと言われたら、やらないわけです。働かないで麻薬やっているほうがいい。

佐藤　私は、１９８６年から１９８７年、外務省の語学研修の一環として、イギリスの陸軍語学学校に通いました。イギリスでは、清掃などの底辺の労働をするのは、インド人や黒人、パキスタン人です。肌の色で、やっている仕事がはっきり分かれていました。

１９８７年の8月に、モスクワに赴任します。驚いたのは、当時のソ連では、清掃やきつい労働、汚い労働をすべて白人がやっていた。しかもその上司はモンゴロイド、要するに中央アジアの人や、モンゴル系のブリヤート人などです。有色人種の上司の下で、白人がこき使われているのを見て、ソ連はなかなかいい国だと思いました（笑）。

古村　それは面白い話ですね。

佐藤　旧ソ連はイデオロギーで作られていた国です。一部を除いて人種的な差別はありませんでした。あったのは、黒人とユダヤ人差別、ロマ人（いわゆるジプシー）への差別です。

今のロシアで底辺労働を担うのは、白人もいますが、おもに中央アジアの人たちです。

古村　アメリカはイギリスと同様に、非白人が底辺の仕事をしています。そして、多くの場合は不法移民が担っています。彼らが低賃金で働いているので、各種サービスの値段が抑えられているという面があります。しかし、最近のインフレ、物価高騰が人々の生活に直撃しています。

◆苦しいアメリカ国民の生活と雇用

古村　今、アメリカ国民の生活は苦しくなる一方です。インフレもあって、給料は高いけれども、物価が上がりすぎて生活が厳しい状況です。都市部での家賃の高騰は異常なレベルになっています。

佐藤　それにしても、日本はやばいですね。今、給与所得者の平均年収は458万円です（2022年、国税庁）。ドルだと約3万ドル。ニューヨークだったらホームレスです。

古村　アメリカでまず家が借りられないですね。家賃が払えないと、日本のように温情で何か月か住まわせてくれることはありません。すぐに警察が来て、不法滞在、不法占拠ということで追い出されます。そうなると、車に泊まって、車から会社に通ったりしています。

佐藤　キャンピングカーでも持っていればいいほうですね。

古村　はい。私が2000年代にロサンゼルスにいた時、普通のアパートは日本円で10万円ぐらいで借りられました。今は40万円ぐらいです。これでは生活ができません。

私の知り合いにニューヨーク州の隣のニュージャージー州の大学で先生をしている人がいます。年収が2000万円あっても、家賃で半分以上なくなり、食費もかかるので、もう何も残らないとこぼしていました。アメリカ国民の不満はバイデン政権に向かっています。今はドルが強いので、輸入品が安く買えているはずなのですが、それでも物価高騰は人々の生活を苦しめています。

佐藤　輸入品に関しては、それも中国のおかげですね。

古村　ですから、中国製品の関税引き上げは人々の生活を苦しめることになります。アメリカの農業州は関税に反対です。彼らは競争力があるので、世界と戦っていけます。そうなると、中央政府の煩わしい政策を忌避する傾向があります。その代表格がテキサス州です。

アメリカでは、アメリカ人や中国人を始めとする外国人の間でテキサス州が人気です。テキサス州は法人税が安いし、土地も、人件費も安い。また、気候が温暖で、いい大学があり教育もしっかりしている。移住したり、何かものを買うのもテキサスがいいのです。私がロサンゼルスにいた２０００年代でも、大学を出た若者たちがチャンスを求めてテキサスに向かうということもありました。また、中国人たちが相当投資しているという話も聞きました。

今、アメリカからテキサス州が独立する、「テキジット（Texit）」という言葉があるぐらいです。テキサスは短期間ですが、テキサス共和国だったことがあります。元々、反中央、反ワシントン、反ニューヨークの気質が強い土地柄です。経済も好調な現在、アメリカから離脱（secession《セセッション》）しようという声も大きくなっています。今回の大統領選挙で最悪のケースはアメリカの分裂に進むということが考えられます。

副島隆彦先生は、『国家分裂するアメリカ政治 七顛八倒』（秀和システム、2019年刊）で、アメリカは東部と中央国と西部国の3つに分裂すると予言しています。テキサスを中心とする中央国ができると、2019年の段階で喝破しているのはすごいことだと思います。普通の日本人が知っているのは、ロサンゼルスやニューヨーク、ワシントンぐらいで、テキサスを中心とした農業地帯のことはよく知りません。

佐藤　よく知っているのは東海岸と西海岸のエリート層が集まるところですよね。ちなみに、日本人でユタ州に長期滞在していた人は、だいたいモルモン教徒ですね。

古村　ハハハ。おっしゃる通りです。

田舎で農業をしている人たちは、アメリカでは農業に競争力があるから、海外からの輸入品に関税をかけないで、自由にやらせてくれというタイプが多い。だから共和党を応援していた人たちが多いわけです。関税競争になると一番被害を受けるのは、この農業の人たちです。それが共和党の支持者たちです。とくにモンタナ、サウスダコタやノースダコタに住む人たちです。

製造業の人からすると逆になります。アメリカの競争力が落ちていますから、保護を求めます。1980年代の日米経済摩擦の時に、保護政策を求めたのは、民主党でした。日本叩きの急先鋒だったリチャード・ゲッパート下院議員の名前を覚えている人も多いと思います。それがトランプ政権で、共和党が保護政策を打ち出すという逆転現象が起きました。アメリカの製造業は保護なしには成り立たないことになりました。アメリカの産業は、金融やITなどが中心になりました。

佐藤　金融とGAFA（グーグル、アップル、フェイスブック（現・メタ）、アマゾンGoogle Apple Facebook（Meta）Amazon）にお金が集まりすぎましたね。アマゾンを除くGAFAは、ほとんど雇用を作りませんしね。

古村　GAFAやマグニフィセント・セブン（GAFA+マイクロソフトMicrosoft、テスラTESLA、エヌビディアNVIDIA）はアメリカにこだわっていません。自分たちはアメリカ企業だと思っていないので、いつでも国外へ移ります。

佐藤　幹部だったら3億、5億ドルぐらいの年収をとっていますからね。GAFAはアメリカでも好かれていないでしょうね。

古村　雇用創出にほとんどつながらないですからね。そして、とくに嫌われているのはアマゾンですね、一番雇用を作っているのはアマゾンではあるのですが、それは主に倉庫管理のきつい仕事です。アマゾンは人を安く買い叩いてこき使っています。それでいて組合結成を認めない。

佐藤　奴隷労働のようにやっていると。

古村　そうです。雇用するけれども、生活ができるかできないかぐらいの賃金でしか雇用しない状況になっています。それで批判を受けています。

こうして、アメリカのミドルクラスは没落していき、その不満が蓄積されているのが現状です。それが暴発すると、内戦、そして国家分裂にまで進んでしまうということが考えられます。

◆ペンシルベニア州で大統領選は決まる

古村　今度のアメリカ大統領選挙は、７月末の段階の状況で見る限り、双方の勢力に相当危険なガスが溜まり始めています。選挙の後には、暴力を使う、動乱状況が起きると思います。

今、民主党の中で、ハリスはワーワーともてはやされています。一方で、先にもお話ししましたが、ハリスはまともに選挙をしたことがありません。ハリスは民主的に選ばれていないと、党大会が行われるシカゴでデモを計画する民主党支持者たちがいます。

佐藤　民主党はアイデンティティの政治に走るからまとまれません。

古村　民主党は幅が広くて、保守的な価値観を持つ人たちも進歩主義的な人もいます。アメリカだと、カリフォルニア出身というだけで左だとされます。

佐藤　トランプはハリスのことを極左と言っています。

古村　カリフォルニアが特殊なんです。平均的なアメリカ人とは違う「左翼的、極左的な考えを持つ人だ」と認定されます。ハリス旋風が吹いていると報道する日本のメディアは、かなり偏ったアメリカ像を押しつけています。今そこがたいへん危惧されているのです。

ペンシルベニア州の山奥、ウエストバージニア州の炭鉱町で「ハリスってどんな人？」と聞くと、「何も知らねえ」と返ってくると思います。

佐藤　今回の大統領選で、古村さんの票読みはどうなっていますか。

古村　私の計算だと、今、選挙人の数は、トランプの共和党が235、バイデン・ハリス陣営の民主党が220を固めています。全米538人の選挙人のうち、過半数の270人を取れば勝ちですから、勝敗ラインまでの残りは、共和党35人、民主党50人です。

勝敗を決定するのは、激戦州（battleground《バトルグラウンド》 state《ステイト》）です。トスアップステイト（toss-up state）とも呼ばれます。もっとも重要なのは、ジョージア州とペンシルベニア州の2つの州です。ジョージア州（16人）はトランプ有利の数字が出ています。そうすると、トランプがペンシルベニア州（20人）を取ると、ウィスコンシン州（10人）やミシガン州（16人）を落としても勝てます。

バイデンが大統領候補のままだったら、ペンシルベニア州は大激戦になったでしょう。まず、ペンシルベニア州はバイデンの生まれ故郷です。今でも関係者は多いし、さまざまな人脈があります。アフリカ系アメリカ人の団体の支援もあり、労働組合とも50年間ズブズブの関係です。バイデンは選挙で言えば、地道な草の根運動を得意とする「地上戦」を得意とする人でした。そういう人脈はハリスにはゼロです。

佐藤　ペンシルベニアでは、トランプの支持がそれなりに伸びていますね。

古村　2016年の大統領選挙では、トランプ旋風が吹いてペンシルベニアでトランプが勝ちました。2020年はバイデンが勝ちました。生まれ故郷、長年にわたる人脈作りが奏功しました。高いインフレと今でも続く製造業不振に苦しむホワイト・ワーキング・クラス（白人労働者階級）の人たちは民主党を見限っているでしょう。

民主党としては、ペンシルベニア州のシャピロ知事を副大統領にするのが最善の策です。しかし、民主党党内の進歩主義派から、ユダヤ系であるシャピロはイスラエルをあまりにも応援しすぎていると批判を受けています。このペンシルベニア州の結果いかんで、2024年の大統領選は決まります。

第3章

ウクライナ戦争とイスラエル・ハマス紛争から見える世界の変化

◆イスラエル・ハマス紛争はいつ終わるのか

古村　イスラエルとハマスとの紛争（ガザ紛争）は、戦闘が始まって9か月が過ぎようとしています（対談時、8月1日）。2023年10月7日、ガザ地区を実効支配するハマスによるイスラエルに対する攻撃で、イスラエル人約1200人が殺害され、250人以上が拉致されました。

イスラエルは即座に、人質の解放とハマスの壊滅を目的としてガザ地区に侵攻し、激しい攻撃を加えました。イスラエル軍の過剰な攻撃によって、女性や子どもを含む多くの民間人が犠牲となっており、それに対して国際的な非難が高まり、イスラエルは孤立しています。

現在（対談時、8月1日）もガザ地区での戦闘は続き、ガザ地区でのパレスチナ人の死者は3万人を超えています。その多くは民間人、非戦闘員です。肝心のイスラエル人の人質は、110人以上が救出されていません。

このイスラエル・ハマス紛争も、2020年2月24日に始まったウクライナ戦争も、いつまで経っても終わらないのは、背後にアメリカによる軍事支援があるからです。アメリカが支援を停止すれば、ウクライナも、イスラエルも戦争継続は困難になるでしょう。いわば、アメリカの戦争と言ってもいいですね。

佐藤　まさしくその通りです。アメリカはいつまで戦争をできるのでしょうか。古村さんは、アメリカの継戦能力はどのくらいあると思いますか。

古村　やはり予算、お金の問題がどうしても出てきます。これまでバイデン政権は、ウクライナに1750億ドル（約24兆5000億円）の支援（軍事、人道、財政を含む）を行いました。イスラエルには、毎年38億ドル（約5300億円）の軍事支援を行っています。また、140億ドル（約2兆円）の追加支援を決めました。アメリカはウクライナやイスラエルに兵器や弾薬を大量に送っています。その結果、武器生産が追いつかず、アメリカ軍が本来、備えておくべき弾薬が足りなくなる事態が起きています。アメリカは、2つの戦争をやめられるものならば、今すぐにでもやめたいと思っているはずです。しかし、ウクライナ戦争も、イスラエル・ハマス紛争も停戦に向けた見通しがまったく立たない状況です。再選を断念したバイデン大統領は無力化しており（レイムダック化 lame duck）、何もできないので、2つの戦争はこれからも続くでしょう。

佐藤　トランプが大統領になると、ウクライナ戦争をやめるでしょうね。最初にハマスを片づけて、イスラエルを応援します。トランプの行動はプライオリティ（優先順位）が決まっているので読みやすいのです。

　ハリスが大統領だと、ウクライナ戦争をこのまま継続するでしょう。イスラエルに対しては、人道上の問題に配慮して少し引く可能性があります。民主党の支持者たちは、イスラエルはやりすぎだと思っていますから。

古村　アメリカでの各種世論調査の結果を見てみると、トランプの共和党の支持者は、ウクライナ戦争は支援を中止してすぐに停戦させせよ、イスラエル・ハマス紛争は継続して支援しろと主張しています。一方、ハリスの民主党は逆で、ウクライナ戦争には継続支援、イスラエル・ハマス紛争は停戦を促すという考えです。

　どちらの戦争についても。支援継続に賛成するアメリカ国民の割合は小さくなっています。「同情（支援）疲れ（compassion《コンパッション》 fatigue《ファティグ》）」という言葉が出てきているように、「もういい加減にしろ」と考える人が増えています。繰り返しになりますが、それでも、2つの戦争は、停戦のきっかけを見いだせないまま、だらだらと続いていくでしょう。イスラエルとしては、ハリスが大統領になるほうが、良くないということになりますね。

佐藤　そうです。ハリスはパレスチナ人の人権への配慮を要求し、イスラエルの行動を制限します。

古村　トランプだと、基本、イスラエルはネタニヤフ首相にある程度は任せて、ウクライナ戦争の停戦にまず注力するでしょう。大統領選がトランプ勝利で終われば、2025年1月の就任式までに、停戦の方向性が決まると思います。

佐藤　それにしても、なんだか奇妙な感じです。プーチンのロシアと、ネタニヤフのイスラエルが似てきています。両国とも、国家の存亡に関わる死活的な話に、人権や人道で介入してくるな、悠長なことを言ってくるな、ということでしょう。

ロシアとイスラエルは波長が合うのだと思います。その証拠に、イスラエルはロシアに対して、ウクライナ戦争での制裁をまったくかけていません。私のイスラエルの友人（元政府高官）は、「イスラエルは小さな国だから、そういう複雑な問題に関与する余裕がない」と言っています。

古村　イスラエルは中東地域におけるアメリカの有力な同盟国です。アメリカは、国内政治におけるユダヤ人社会の発言力の大きさもあり、手厚い支援を続けてきました。イスラエルは公式に認めていませんが、核兵器保有国であり、強力な軍事力を持っています。中東における地域大国（regional《リージョナル》 power《パウア》）です。イスラエルの動きによって、中東地域の状況が大きく変化します。小さな国と言うのは、あくまで表面上の国土と人口の面での話ですね。国土は日本の四国程度で、人口は約９５０万人、ユダヤ人が約75％、アラブ人が約21％という構成になっています。

◆イスラエルは不思議な国

古村　イスラエルはグローバル・ノースか、グローバル・サウスなのか。立場として、どちらでしょうか。イスラエルはアメリカの一番の同盟国でありながら、ロシアに対して制裁をしないと決めました。この点で、サウジアラビアとも同じような動きをしています。グローバル・サウス諸国で起きているアメリカ離れの動きに連動しているのだろうと思います。

佐藤　特異点的で、本当にイスラエルは不思議な国ですね。その意味では、サウス・インターナショナル（グローバル・サウス）の一員でしょう。ネイション（国民国家、民族）の持つ意味がたいへん大きい。国際関係論的にいうと、ネイションは自分たちの生き残りを一番の理念に置いています。

「全世界に同情されながら死に絶えるよりも、全世界を敵に回しても戦い生き残る」というのがイスラエルの原則です。

古村　国際関係論では、国家の存続が最大の国益（national《ナショナル》 interest《インタレスト》）と規定されています。国際関係論の一学派であるリアリズム（Realism）では、国益を最重視します。イスラエルは、そのことを臆面もなく、露骨に出して行動しています。キレイ事を排除して、国益第一で行動する姿勢は首尾一貫しています。

佐藤　しかも核もちらつかせている。これでは、イラクや北朝鮮のならず者国家と一緒です。アメリカにはイスラエル・タブーがあります。人権感覚の強い人たちでも、表立ってイスラエルを批判しにくいのです。

古村　イスラエル・タブーとは、ホロコーストの被害者となったユダヤ人や、ユダヤ人が建国したイスラエルの行動を批判することは反ユダヤ主義的と決めつけられることを意味します。アメリカでは、ある人が反ユダヤ主義的とレッテル貼りされると、社会的に抹殺されてしまいます。

しかし、ユダヤ系アメリカ人の中からも、イスラエルのやっていることを何でもかんでも支持するのはおかしいと批判する人たちがいます。新興のユダヤ人ロビー団体であるJストリートがその代表格です。若い人たち中心に、意識が変化しています。

佐藤　国際社会は圧力でイスラエルを封じ込めようとするのではなくて、対話によってイスラエルが孤立感を深めないようにすることが重要です。そこで大切なのが、イスラエルの生存権、ユダヤ人がシオンの丘がある歴史的故郷に戻る帰還権を認めることです。

突き詰めると、ユダヤ系のアメリカ人がシオニズム（ユダヤ人国家建設運動。イスラエル建国の理念）にどのような対応を取るのか、ということです。アメリカのリベラル派はコスモポリタン的になってきます。

古村　ユダヤ人国家を必要としない、シオニズムに賛成しないユダヤ人たちが多くいるということでしょうか。

佐藤　我々はユダヤ人だけど、アメリカ国民だ。それで何か問題があるのか。イスラエル国家に守ってもらう必要はないと。シオニズムはアメリカにとってたいへん大きいテーマです。

古村　これまでアメリカは、イスラエルを強力に支援してきました。それは、アメリカ国内のユダヤ人社会が政治的な力を持っており、彼らはユダヤ人国家であるイスラエルを、そしてシオニズムを全面的に支持することが当然だと考えてきたからです。そこに変化が起きれば、アメリカとイスラエルの関係も変化するでしょうし、生き残りを最優先にしているイスラエルの行動も変化することになるでしょう。

佐藤　日本のアメリカを専門とする国際政治学者は、まったくイスラエルを理解していません。イスラエルへの理解の底の浅さは驚くほどです。一般の制度化されたアカデミーの中にいる学者たちは、いったい何なのでしょうか。とくに国際政治学者とは、何なのか。彼らは、ＮＡＴＯとペンタゴンのプレスリリースを読んでいるだけのように見えます。

古村　正直に言って、彼らは偏っています。情報源のほとんどは既存の主流メディアで、一般の人々と変わりありません。さすがに、アメリカとの人的なつながりは持っているでしょう。しかし、それも学者仲間やアメリカ政府関係者に偏っているでしょう。本人は自覚していないと思いますが、結果として、日本の政治学者の多くは、アメリカにうまく利用されているのだと思います。テレビに出てくるような学者はあまり信用しないほうが良いですね。

佐藤　アメリカはすり寄ってくる学者を、利用しますが、尊敬しません。アメリカ人とは、そういう人たちです。ロシア人もそうです。

古村　やはり、アメリカに対して理屈の立った申し立てをする反米（anti-american《アンタイアメリカン》）のほうが、ごろにゃんな親米（pro-American《プロウアメリカン》）なんかよりも、ずっと尊敬され、信用されます。

◆アメリカはウクライナを勝たせる気がない

古村　2020年2月のウクライナ戦争の開戦から、私は不思議に思っていることがありました。アメリカがロシアとの戦争を早期に終わらせるつもりならば、ウクライナに戦闘機や地上攻撃機を大量に供与しているはずです。

しかし、アメリカは、対戦車ミサイルのジャベリンなど、敵の戦車を排除するための武器ばかりを与えています。守りにはそれで良いのですが、攻めとなるとそれではまったく足りません。どちらにしても、制空権がなくては、まず戦えません。私は早い時期から、アメリカはウクライナを勝たせる気がないと確信しました。

佐藤　まったく勝たせる気はないですね。

古村　アメリカが率いる西側諸国は、制裁を発動すれば、ロシアが経済的に破綻《はたん》して、早々に撤退するだろうと目論《もくろ》んでいたようですが、実際には逆でした。ロシアが石油を売る先は、インドなどたくさんあります。それで、外貨を獲得して、経済破綻を起こさずに戦争を継続できています。

佐藤　今年になってから、アメリカもロシアから石油を買っています。日本のロシアからの天然ガスの購入量は、ウクライナ戦争が始まった時は8％で、今は10％に増えています。

古村　ドイツやヨーロッパを含めて、ロシアを兵糧攻めにするつもりが、逆に自分たちが兵糧攻めされることになってしまいました。

ドイツはロシアとの間に、ノルドストリーム2・パイプラインをつなぎ、安価な天然ガスを輸入していました。ノルドストリームをアメリカが爆破したことで、物理的にもロシアからの天然ガス輸入の途が閉ざされました。アメリカは、ノルドストリーム2・パイプラインの存在を面白く思っていませんでした。ウクライナ戦争を渡りに船と利用して、パイプラインを爆破して、ドイツにアメリカからの石油や天然ガスを買わせることに成功しました。アメリカは、ウクライナ戦争を利用して、長年の懸念事項だったノルドストリーム2問題を一気に解決しました。長年の同盟国であるドイツに対しても、アメリカはこのように酷いことをするのだということを、私たちはきちんと認識すべきです。

佐藤　今、ドイツやフランスには、ウクライナへ軍事支援のお金を出す力はありませんね。

古村　はい。今、7割以上がアメリカからの支援です。イギリスやフランスは、口では勇ましいことを言っていますが、行動が伴っていません。

２０２３年2月、ウクライナのヴォロディミル・ゼレンスキー大統領は、イギリス議会で演説し、ウクライナ空軍パイロットのヘルメットを下院議長に贈呈しました。そして、ウクライナのために戦闘機を提供してほしいと訴えたのです。イギリスはその要求に応じませんでした。

西側諸国からの戦闘機提供は長い間実現しなかったのですが、先日（２０２４年7月）、NATO加盟国のオランダとデンマークから、F16戦闘機が初めてウクライナに渡されました。オランダは機数を公表しませんでしたが、ウクライナのゼレンスキー大統領はSNSで「42機だ」と発表しました。デンマークは19機を提供すると発表しました。オランダとデンマークはウクライナ人パイロットの訓練も担当しています。これは裏で、アメリカがやらせていることです。ウクライナもイスラエルも、実質的にはアメリカしか支援していない状況です。アメリカは2つの戦争を同時に、独力で支えていることになります。アメリカは間接的な形ではありますが、2つの戦争を戦っていることになり、その負担はかなり大きいと言えます。

佐藤　ここまでお金をつぎ込むと、アメリカはなかなか抜けられないでしょうね。

古村　ギャンブルと同じで、お金をつぎ込めばつぎ込むだけ抜け出せなくなり、泥沼にはまり込んでしまいます。経済用語では、サンクコスト sunk cost と言いますが、取り返せない費用がどんどん大きくなっていき、引き返すことができなくなるのです。しかも、アメリカがどれだけ支援しても、ウクライナは領土を取り戻すことはできません。ゼレンスキーは停戦の条件として、クリミア半島を含めて1991年の国境線までロシアが撤退することを求めていますが、そんなことは不可能だ、無理だと、皆、分かっています。

佐藤　停戦の突破口を開けるのは、トランプだけです。トランプだったら、ゼレンスキーに「もう戦争はやめろ。ロシアに占領されたクリミアと東・南部4州（ドネツク州、ルハンシク州、ザポリージャ州、ヘルソン州）は諦めろ。もともとお前が始めた戦争なんだからな」と一喝するでしょう。「お前は弱いんだから、現状のところで我慢しろ」ということです。

国際法的に、ロシアの占拠を認めるわけではありません。停戦ラインを引き、国境線の確定は外交交渉で決めることになるでしょう。

古村　ロシアのプーチン大統領は、ウクライナ東・南部４州からウクライナ軍が撤退することを停戦の条件に挙げています。ウクライナに侵攻したのはロシアですが、これは自衛self-defense《セルフディフェンス》のための行動でした。国家の存亡に関わる、安全保障上の脅威を取り除くということです。ロシアにとってウクライナは喉元に突きつけられたナイフのような存在です。アメリカを始めとする西側諸国は、ウクライナをＥＵやＮＡＴＯに正式加盟させないままで、軍事支援を行い、ウクライナの軍事力を増強させてきました。これはロシアに対する挑発であり、地域の安全保障環境を不安定化させるものでした。ウクライナを使って、「火遊び」をしていたようなものです。そして、結果として、ロシアの不安感を刺激して、戦争に至りました。ウクライナは西側に利用された面もありますが、西側の甘言に乗ったという事実は否めません。プーチン大統領が「お前が始めた戦争」と言うのは理解できます。

ウクライナ戦争が示しているのは、この戦争は大国間政治（great-power politics《グレイト・パウア　ポリティックス》）の舞台になっていることです。戦っているのはウクライナの人々ですが、彼らの意向はまったく考慮されないのです。大国の意図しか反映されないのは、国際政治、国際関係論のとても残酷なところです。ウクライナの戦争は、まさしくアメリカとロシアとの戦争なのです。

佐藤　その通りです。

古村　これまでの戦争を見ても、朝鮮戦争（1950－1953年）でもそうでした。朝鮮半島の人たちの意向はまったく無視されました。ベトナム戦争（1955－1975年）もそうです。南ベトナムは見捨てられました。小国の運命は大国の意向に左右され、時に、不幸な結末を迎えることもあります。

佐藤　ベトナム戦争もアフガニスタン戦争（2001－2021年）にしても。アメリカは切り捨てる時は切り捨てます。

古村　今、ウクライナとイスラエルそれぞれの指導者である、ゼレンスキーとネタニヤフは、一応、アメリカから支持されています。2人ともスキャンダルなど、すねに傷を持つ身であり、彼らには戦争を続けることしか選択肢がありません。戦争が終われば、彼らのスキャンダルに人々の関心が向かい、最悪の場合には、逮捕されてしまうことになります。今や彼ら自身の利益と国益が乖離《かいり》していると、私は思っています。

佐藤　彼らの中においては、自分と家族の保身と自分の内閣、国家の利益が、同心円を描いています。それだから面倒くさいのです。

古村　アメリカはゼレンスキーとネタニヤフを今のところ権力の座から引きずり下ろしていません。彼らを引きずり下ろして戦争を強引に終わらせたいとも思っているでしょうが、その方法が難しい。アメリカがどうしても切り捨てるということになれば、スキャンダルを仕掛けて追い落とすことになるでしょう。

佐藤　アメリカの内政上の要因と過去の経緯からしても、ウクライナのウエイトは急速に落ちている気がします。ほとんどのアメリカ人は、ウクライナとウルグアイの区別がつきません。

古村　アメリカのシンクタンクで世論調査を専門とするピュー研究所が２０２３年の11月から12月にかけて実施した世論調査の数字によると、全米の31％の人が「ウクライナに対してアメリカは過剰な支援をしている」と回答しました。ウクライナにはもう十分してやった、ここらで停戦してほしいという気持ちが如実に出ています。「ウクライナ疲れ（Ukraine fatigue）」や「ゼレンスキー疲れ（Zelensky fatigue）」という言葉がよく使われています。

佐藤　十分してやったのに、どうして弱いんだ。応援のしがいがないやつだと。アメリカのウクライナに対する思いは、この程度だと思います。

◆日本のウクライナへの軍事支援は高速道路4キロ分

佐藤　アメリカという広域暴力団の縄張りが狭くなっています。その分、一、二の直参《じきさん》の子分である日本とドイツの上納金と本部当番が増えました。

バイデン政権に忠誠を示し、トランプ政権の誕生におびえるドイツのショルツ首相はとんまな組長です。昨年末に、２０２４年に80億ユーロ（約1兆２５００億円）軍事支援すると発表しました。来年度は半分の40億ユーロに削減するようです。

ショルツと比べると、日本の岸田首相のほうが頭がいいのです。岸田首相はアメリカにヘイコラしながら、しかし軍事予算を個所付け（具体的に割り当てること）はしていません。いい加減な予算をわざと付けて、わけが分からないことに使っています。

ロシアによる侵攻以降、これまでの日本のウクライナへの支援総額は、約1兆9000億円（121億ドル）に上るとされます。しかし、このウクライナへの1兆9000億円は、いろいろな形で膨らませています。ウクライナから買った小麦をアフリカに送るとか、モルドバの環境整備など、ウクライナ以外の国への支援もすべて入れています。

財務省は、お金を大きく膨らませて見せることも、小さく見せることも天才的に上手です。1兆9000億円と膨らませて見せても、実際の軍事支援は微々たるもので、ロシアから恨まれません。これらのデータは外務省のホームページにも出ています。

古村 日本のウクライナ支援は、世界で10番目ぐらいの規模ですが、NATOの非加盟国としては最大規模となっています。注目すべきは、先生のご指摘の通り、財政支援と人道支援のみで、軍事支援はほとんど行っていないことです。

規模は大きく、実質は小さく。軍事に関わらないというのは、岸田政権と財務省の絶妙なバランス感覚と技術によるものと思います。日本はどこからも恨みを買わないように、うまくお付き合いをしていくことこそが重要です。

佐藤 これらは、ほとんどすべて国際機関経由です。お金には色が付いていないので、ユネスコなどの国際機関に一度入れたら、何に使われているか分かりません。日本は、ウクライナへの支援金をわざとまともに使われないところに入れて、軍事に流れないように細心の注意を払っています。

直接、軍事に支援したのは、2023年3月、キーウでの岸田・ゼレンスキー会談で表明した装備品支援40億円だけです。これもNATOの共通基金を通じて、防弾チョッキなどの殺傷能力のない装備です。家計からすると40億は大きいですが、軍事支援では微々たるものです。

古村　殺傷能力のない装備を支援するというのは、小憎《こにく》らしいまでのやり方ですね。岸田首相はしたたかなキレ者ということになります。このことが分かっている日本人は、残念ながらほとんどいません。

佐藤　岸田首相はその点、すごくうまくやったと思います。G7の中で唯一首相が行っていないから早く行けとキーウに行かされたときに、必勝祈願の宮島産のしゃもじを持っていった。あれはもらったほうが引くよ。8000キロも旅して、しゃもじだよ。ブードゥー教の信者が、プーチンを呪い殺す時はこれ使ってくださいって言うのと一緒でしょう。

ODAや軍事支援に関して比較する際、私はいつも分母を高速道路1キロ分の建設費にしています。高速道路1キロ建設するためは50億円かかります。これだと、ウクライナへの日本の装備品支援40億円は、高速道路800メートル分となります。果たして、日本の軍事支援は大きいと見るか小さいと見るかです。

また、2024年、今後、数十兆円かかると、鳴り物入りのウクライナへの復興支援では、実際に日本が出したのは、158億円（緊急復旧計画・フェーズ3）の無償供与です。地雷や不発弾の除去、発電所の建設などで、これだと高速道路3キロ分です。装備品支援と合わせると高速道路4キロ分です。

古村　金額で何千億円、何兆円と聞いても、ピンと来ませんが、高速道路に置き換えると具体的で分かりやすいですね。日本がウクライナ戦争に深入りさせられないように、うまくやっている。言葉は悪いですが、うまくごまかしながら、対応しているということを私たちは評価すべきだと思います。

佐藤　日本は、国際機関を通してウクライナ支援のお金をたくさん積んでいますが、今後の復興支援はウクライナが勝つことが前提です。ウクライナが勝利しないと、お金をいくら積んでも執行できません。

古村　戦争が終わらないと復興支援ができないのは当然ですね。でも、終わる気配がまったくありません。日本がウクライナ復興支援で貢献できる日が一日も早く来ることがウクライナ、そして世界にとって大切なことだと思います。そのためには、停戦が実現することが最優先ですね。

それで、イスラエル・ハマス紛争には日本でも関心が高いと思いますが、日本からのイスラエルへの支援金はどうでしょうか。

佐藤　日本はイスラエルには金も装備も出していません。

◆ハマスはネタニヤフが育てた

古村　ハマスはイスラエルが育てたとか、ネタニヤフが育てたなどと言われています。私も拙著『バイデンを操る者たちがアメリカ帝国を崩壊させる』で、イスラエルの情報機関シンベトの元長官の証言を取り上げました。先生の見解をお伺いしたいです。本当のところはどうなのでしょうか。

佐藤　それは本当ですね。この7月上旬、イスラエルのテルアビブに行き、イスラエル政府で高官を務めた友人たちと会ってきました。ネタニヤフとも個人的に親しかったその人は私に、1996年の第1次ネタニヤフ政権ができた時に、ハマスをネタニヤフが育成したと打ち明けてくれました。

ネタニヤフはPLO（パレスチナ解放機構）のヤーセル・アラファト議長（1929－2004年）をたいへん嫌っていました。「アラファトは本質においてはテロリストだ。国際的な支持を得て、自分たちの利権だけをあさっていた。アラファトたちにいくら金を入れても、すべて着服する」という見立てです。

一方、ハマスの創設者のアフマド・ヤーシン（1937－2004年）については、「テロリストで、イスラエル国家の存在を認めないけれども、たいへんレベルの高い宗教人だ、敵だけれども、極めて明晰な考えを持っていて、優秀でモラルも高い人だ」と高く評価していました。

ヤーシンがガザ地区に創設したハマスは、住民への食料配布など福祉活動から始まりました。本来、パレスチナ人の人権や福祉を守るためには、イスラエル国家を壊滅させるべきだという信念を持った反イスラエル抵抗組織です。

1989年、イスラエル当局はヤーシンを再逮捕し、軍事法廷で終身刑を言い渡しました。この時、ワイズマンというアシュケナージのラビが、毎週、獄中のヤーシンを訪

ハマスの創設者アフマド・ヤーシン(1937-2004)。ハマスは元々、PLOのアラファト議長をひどく嫌ったネタニヤフ首相が育成した

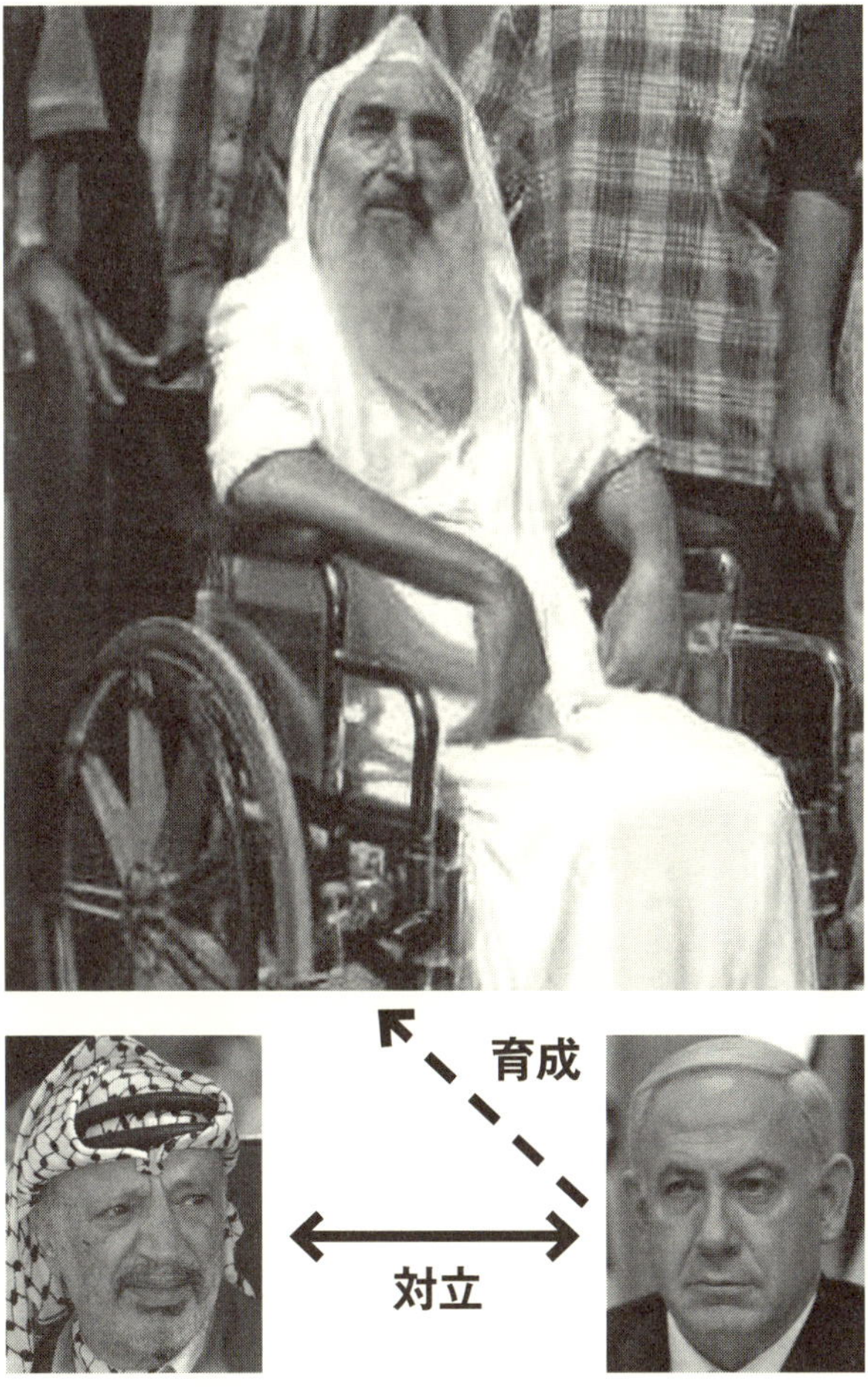

ねて、宗教や神の話、人生観などを語り合ったそうです。その結果、ヤーシンを学問上でも立派な人物だとワイズマンは感服したそうです。

「あの頃のハマスは腐敗してなかった。ハマスに金を渡すと着服しないで、すべて民衆に流す。腐敗したアラファトとは大違いだ。ネタニヤフは、アラファトに対して、相手はお前らだけじゃないんだとけん制するために、ハマスを育てて利用した。そうしたら、いつの間にかバケモノのようになった」と、私が会ったその元高官は言っていました。

ビン・ラディンを育てたアメリカが、アルカイダの指導者になったラディンに報復されたのと同じ構図です。

古村　なるほど。ハマスと創設者のアフマド・ヤーシンは、イスラエル国家を認めない不倶戴天《ふぐたいてん》の仇敵であるけれども、「敵ながらあっぱれ」となるくらいに立派で、イスラエル側としても一定の評価をしていたということですね。そして、ハマスを使ってPLOに対抗させようとしたら、ハマスが予想を超えて大きくなってしまったというのが、イスラエルの計算違いだったということになりますね。「毒を以て毒を制す」ということは、とても難しいことです。

佐藤　「ハマスを軽く見たり、バカにしてはいけない。あいつらは信念を持っている。

そしてパレスチナの民衆のことを考えている。イスラエルを潰さないと、自分たちの人権も福祉も実現できないという結論に至った。その結論は、我々は受け入れられないけども、彼らがそのように考えていることを理解しないといけない。

ヒズボラにしても一緒だ。あいつらは強い。命を恐れずに同胞のために戦っている。イスラエルを地図上から抹消するために70年間頑張っているんだ。そういう連中だと、きちんと理解しておかないといけない。敵は悪い、醜い、そんなものは蹴散らせるんだという単純な発想ではだめだ」と彼は私に伝えました。

古村　たいへん面白いですね。時に自分の味方よりも、敵となる相手を評価する、相通じる部分を発見するということはあります。

比較政治学において、重要なテーマとして民主化（democratization《デモクラタイゼイション》）があります。政治学者のフィリップ・シュミッターとギジェルモ・オドンネルは、民主化研究の成果を『民主化の比較政治学――権威主義支配以後の政治世界』（真柄秀子・井戸正伸訳、未来社、1986年）として発表しています。彼らの研究は、アクターを中心にして、どのように非民主的な体制が崩壊して、民主的な体制樹立に向かうかという内容になっています。

民主化する際のシナリオとして、非民主的な体制側が圧力を受けて、タカ派（hawks《ホークス》）

とハト派（doves《ダヴズ》）に分裂します。ハト派が漸進的な自由化を提唱します。反体制側もこの提唱に応じて、タカ派とハト派に分裂します。4つのアクターが出現します。体制側のハト派と反体制側のハト派が接近して、協定（pact《パクト》）を結んで民主化が進むというものです。体制側のタカ派は、非民主的な体制維持を求め、反体制側のタカ派は急進的な民主化を求め、協定に反対します。その中で、タカ派同士が共鳴するということがあります。まったく立場が異なる者同士のほうが理解し合うということが起こるのです。

佐藤　お互いの文法が分かるのですね。「向こうとしては、こちらを本気で潰そうとしている。こちらとしては隙を見せたらいけない。隙を見せたら、向こうは入らざるを得ない。本来、ネタニヤフを代えればいいのだが、混乱が生じたら、その隙に入ってくる。政争も起こせないんだ」と彼は言っていました。

古村　ネタニヤフはスキャンダルがいくつもあって、誰でも腐敗していることを知っています。しかし、今、彼を引きずり下ろしてしまえば、各アクター間で絶妙な力関係で保たれていたバランスが崩れてしまい、どのような事態が起きるのかを予想することは困難になります。

佐藤　確実にヒズボラが入ってきますね。ヒズボラの立場として、入らざるを得ません。

みんな戦争はしたくないのだけれども、はずみで戦争にならざるを得ない、そういう状況にあります。

古村　戦争はしたくないと誰もが言います。政治学でも、戦争を起こさないためや、戦争をやめるための研究をしていますが、残念ながら大きな成果は出ていません。第1次世界大戦がそうでしたけれども、1つの事件が発生して、それが連鎖反応を起こして、誰もが予想しなかった規模の戦争になります。中東地域も各アクターが複雑に絡み合っていますから、何が起きるか分かりません。

佐藤　1997年、ハマスの政治部長のハレド・メシャールは、ヨルダンの首都アンマンでイスラエルによる暗殺未遂に遭いました。耳から毒を入れて殺そうとしたら、メシャールが首をプルプル振ったので失敗したのです。工作員の3人がその場で拘束され、4人がアンマンのイスラエル大使館に逃げました。

ヨルダンのフセイン国王はイスラエルとの国交を断絶すると激怒し、その時に処理したのが、当時のEU大使で、前職はモサド副長官だったエフライム・ハレヴィです。

彼の回想録によると、ハレヴィがヨルダンに呼ばれていくと、秘密警察長官がフセイン国王のメッセージとして「お前のほうで条件を考えろ」というので、ハマスの創設者のテロリスト、ヤーシンを釈放しました。そうでもしなければ、確実に戦争になっていました。

その後、ヤーシンがガザ地区に戻り、テロ活動を始めます。結局、２００４年に、イスラエルの軍がヤーシンを暗殺するのです。

中東では、殺しが外交の１つの手段になっています。日本の場合、もちろん外交で殺しはしないし、アメリカも一応、殺しは公にしません。

ところが、イスラエルやハマス、ヒズボラは、殺しや復讐を外交カードの１つにしています。そうすると、選択肢が広くなるのです。

◆イスラエルは北朝鮮に近い

佐藤　日本はアメリカの同盟国だ。だから、アメリカにとって大切なイスラエルを、日本も擁護しないといけない。この三段論法でやっています。私は、イスラエルは北朝鮮に近い国だと思っています。

古村　イスラエルと北朝鮮が近いということはなかなか言えないことですね。先生にどういう点が近いのかというのをお伺いしたいです。

佐藤　彼らイスラエル人の論理はすごいのです。「今は敵に人質を取られている。人質が解放されるのなら、敵のテロリストを何千人でも釈放していい。大丈夫だ。核兵器を使っても、いずれ皆殺しできる。ユダヤ人を殺した奴は1人残らず応分の責任を取らせる。そうしないと、イスラエル国家とユダヤ人は生き残れない」と断言します。

「佐藤さん、ハマスの戦闘員たちは合理的なんだ。彼らは人間の盾を作っているだろう。ユダヤ人の人質を返さなかったら、イスラエルが何をするか、よく分かっている。そうとなれば、1人のユダヤ人の人質の解放のために、パレスチナの無辜《むこ》の人たちが300人、400人死ぬことになっても構わない。10万人単位で死ねば、国際圧力でイスラエルを止められる。それが取りうる唯一の方法であり、ハマスの戦闘員は生き残れるのだ」と言われました。

古村　イスラエルの論理も、ハマスの論理も、非常に冷酷で、そこにかわいそうだとか酷すぎるという感情論は一切入ってこない。ある面では人の生き死にを数字で見て、効果を測定しています。この冷徹さが現実の政治の真骨頂ですね。

佐藤　ハマス側の要求が、イスラエル国家の解体という条件だったら、呑めないのは分かっています。「パレスチナ人のテロリストの釈放だと何千人でも認める。その代わり、時間をかけてすべて復讐する」。こういう論理は、アメリカの政治学での論理とは、少し違いますね。

古村　現実政治を研究対象にしていますが、研究者は観察者、傍観者に過ぎません。価値中立ということで判断を回避します。個人の考えや感情は別ですが。

佐藤　サウジアラビアもイランも、このルールで動いています。東アジアでは、北朝鮮が比較的近いのです。

古村　イスラエルと北朝鮮が近い国だということがよく分かりました。

◆イスラエルの論理

佐藤　イスラエルは特異点だから注目しなければいけません。

古村　イスラエルも北朝鮮も、外から見ていると、対外的な脅威に敏感に反応し、自国の生き残り survival《サヴァイヴル》を最優先に行動しています。そのためには、世界の超大国《スーパーパワー》アメリカと渡り合い、利用することもやってのけます。敵との妥協といった融通無碍《ゆうずうむげ》の動きもするので、多くの国が攪乱《かくらん》されてしまいます。

佐藤　彼らは日本に対してこう思っています。「アジアの東の端は日本で、西の端はイスラエルだ。お前たちは、民主主義とか市場経済とか、アメリカと同じ価値観を本当に共有しているのか。それは違うだろう。

お前たちは、アメリカに戦争で負けて、広島と長崎を原爆でやられた、東京大空襲もひどいことだと思う。アメリカは、東京の周辺に焼夷弾を落とし、人々が逃げられないようにして、真ん中を絨毯爆撃した。空爆で10万人を殺すなんて、まともな人間ではできないことだ。

おい佐藤、これこそアングロサクソンの本質ではないか。アングロサクソンとはそういう奴だ。彼らとは2度と戦争をしない。日本人はそう思っているんじゃないか。俺たちにはそうとしか見えない」

たしかに、二度と戦争しないためには、一番いい方法はアングロサクソンと同盟することです。

古村　戦いに敗れ、戦いの愚かさを知り、日本は不戦を誓い、アメリカと同盟を結びました。属国となり、アメリカの支配の下で、基地を提供させられ、お金をふんだくられるようになりましたが、戦後約80年も戦争がなかったのは、戦後すぐの素晴らしい判断の結果だと思います。

佐藤　彼らはさらに続けます。「ゲルマン人とはどういう奴か知っているか。あいつらはナチスだ。だから俺たちユダヤ人は、ヨーロッパのどこにも居場所がないんだ。佐藤、お前にこういう話をできるのは、お前がシオニストだからだ。

俺たちユダヤ人にとって重要なのは、シオニズムを認めるか、認めないかだ。日本の中でシオニズムを認めると明言しているお前は、俺たちのことを分かっている人間だ。だから俺たちも本音を話すんだ」

私は、イスラエルの生存権を認めると言う立場に立っています。ハマスやイランと同じように、イスラエルは欧米による植民地であり、解体すべきだと主張する日本の論者とは正反対の立場です。だから、彼らから信頼されているのでしょう。

古村　佐藤先生はイスラエルのさまざまな人々と連絡を持ち、彼らの考えを私たちに日本語で伝えてくださるというのは本当に貴重なことだと思います。そうした生きた人々の声はメディアを通じてはなかなか届きません。イスラエルに関しては特にそうです。

佐藤　私は２００２年5月14日、東京地検特捜部によって逮捕されました。テルアビブ大学主催の国際会議に日本の大学教授らを派遣する費用を外務省関連の国際機関から支出したことが背任にあたるという容疑でした。

私が逮捕されたときに、モサドの友人たちが助けてくれました。テルアビブ大学の先生は弁護側証人として証人台に立ってくれたのです。

「今回の事件で佐藤優という名前が出てしまった。この男は、外交官、インテリジェンス・オフィサーとしてはおしまいだ。でも、この男には独特の生命力がある。もしかするとこの先、社会的な影響力を持つかもしれない。日本外務省に義理立てしても、俺たちは情報を取れない。今、この男を、この一番苦しい時に助けておけば、将来、イスラエルにマイナスなことがあった時に、我々の味方になってくれるはずだ。佐藤を見捨てるよりも助けたほうが面白い」と計算したのでしょう。

古村　佐藤先生は『国家の罠』にも一部そのことを書かれていたと記憶しています。当時のイスラエル側の計算はその通りになったということになりますね。日本の外務省が天秤にかけられて、佐藤先生を助けるという判断になったことが、外務省にとっては不愉快極《きわ》まりないことでしょうが、すごいですね。

佐藤　今、イスラエルは国際的に孤立して、厳しい状況に置かれ、殺人鬼の仲間にされています。しかし、イスラエルにはイスラエルなりの理屈があります。世間からどんな反発を受けても、イスラエルはこう考えて、イスラエルの内在論理はこうだと伝える使命が、私にはあります。ハマスが何をしたのかも、きちんと伝えないといけません。

私はポジショントークでイスラエルを擁護しているのではありません。彼らは、私が一番苦しい時に、リスクを冒して助けてくれました。私の価値観からしても、こういうときに論壇でイスラエルが何を考えているかを伝えることは、人間としても当たり前だと考えています。義理人情の世界に近いですね。

古村　私たちにとって、イスラエルの考えを知ることは、どのような判断を下すにしても重要です。そして、「違う考えを持っていることをお互いに認める」ということが政治や外交の基本です。それがなくて、ただ全否定するだけでは、殺し合いをするしかなくなります。

◆イスラエルには多方面で戦争する力がない

古村　今、イスラエルには、敵としてハマスがいて、ヒズボラがいて、さらに2つの勢力を支援しているイランと別で戦うとなると、三正面作戦になりますね。

佐藤　しかもフーシ派がドローンで攻撃するとなると、イエメンまで戦線が拡大します。イスラエルにそのような多正面での戦闘をする力はありません。

古村　ハマスとヒズボラの二正面作戦がぎりぎりですね。ハマスとヒズボラは強力な戦闘力を持っていますが、正規軍ではありません。正規の軍隊とは異なり、そこに限界があります。しかし、イランのイスラム革命防衛隊や軍隊と戦うということは、全面戦争（all-out《オール・アウト》 war《ウォー》）に発展することになりかねません。

佐藤　こういうことです。ネタニヤフは極右派と言われています。ネタニヤフ政権には極右派の閣僚が2人います。国家安全保障大臣は、昔、ラビン首相を殺した時のグループにいたテロリスト。大蔵大臣もユダヤ人による全域支配を主張する排外主義者です。ネタニヤフは極右派に配慮し、総合的な判断ができなくなっていると、元モサド高官の友人は指摘します。

　ネタニヤフ政権が倒れたら、ネタニヤフは一生刑務所の中です。奥さんも、息子も腐敗に連座しているので、3人そろって刑務所行きです。それが嫌だということです。自己保身とイスラエル国家の防衛が一緒になっているのです。

先日、ネタニエフ政権をどうして潰さないのかと、別の友人に聞きました。「おい佐藤。ヒズボラの立場を考えろ。連中は70年近くに渡って、ユダヤ人とイスラエル国家を消滅させるために命がけで戦っている。我々もだいぶ連中を殺した。向こうも命がけだ。もしイスラエルの内政で混乱が起きて隙ができたら、ヒズボラの立場としては、攻め入らないわけにいかない。

ヒズボラがイスラエルに攻め入ったら、イランの立場としても応援しないわけにいかない。だから本音は、イスラエルも、ヒズボラも、イランも戦争なんかしたくないんだ」という答えです。今のガラス細工のような均衡が崩れると、全面戦争になります。

古村　公式発表の勇ましい言葉遣いに惑わされないで、言葉の裏を読み破ることが状況分析では重要になりますね。当事者たちが誰もエスカレーションを望んでいなくても、突発的な、不測の事態が起きると全面戦争が起きる可能性があります。

佐藤　変な方向に弾みがつくのが、まずいのです。ハリスがパレスチナ寄りになり、人権や人道でイスラエルを批判すると、今の均衡が崩れ、ヒズボラが入ってきます。

そうすると、イスラエルは総動員をかけるでしょう。人口は約９５０万人ですから、40万人ぐらいが限界です。

◆イスラエルは反アラブにも反イスラムにもなれない

佐藤　イスラエルでは、金曜日の夜になると、ホテルの従業員がアラブ人に代わります。ユダヤ人は仕事に行けません。週のうちの1日は、アラブ人が出ないといけませんね。

古村　毎週金曜の日没から土曜の日没まで安息日だから、そうせざるを得ないわけです。昔、山本七平の本で、安息日にはユダヤ人は動いてはいけなくて、電気も点《つ》けずに、静かにじっと座っているだけだというのを読みました。火を点けるのは禁止事項に入っており、電気を点けるのも火を点けることと解釈されるので、電気を点けられないと知って驚きました。安息日という字面《じづら》とは異なり、厳しいものですね。

佐藤　そのアラブ人はムスリムではなくて、キリスト教徒です。非カルケドン派（ギリシャ正教、カトリックと区別される宗派）のキリスト教徒が結構いるのです。

古村　そういうアラブ人がいないと、イスラエルの人々の生活は成り立たないですね。

佐藤　成り立ちません。イスラエルのシェケル紙幣は、ヘブライ語とアラビア語が書いてあります。イスラエルでは、アラビア語は公用語です。アラビア語が公用語ということは、アラビア語しかできない人が、役所にアラビア語の書類を出したり、アラビア語で話しても、行政の側で対応できないといけません。

古村　人口の約20％がアラブ人ですし、アラブ人がいないと生活が成り立たないわけですからね。

佐藤　ですから、イスラエルは反アラブにはなれません。反アラブになると、国内のキリスト教徒のアラブ人との統合に問題が生じます。

さらに、イスラエルは反イスラムにもなれません。イスラム教スンニ派のチェルケス人がいるからです。チェチェン人やイングーシ人もまとめてチェルケスと言っています。

1860年代に、コーカサス戦争で、ロシアが北コーカサスを制圧下に置いた時に、オスマン帝国に庇護を求めたのが、チェチェン人をはじめとするイスラム教徒たちでした。彼らはタボル山のふもとに数十万人がまとまって移り住み、イスラエル独立戦争（1948年）でユダヤ人の側に立ちました。パレスチナ人たちと武器を持って戦い、イスラエル独立に貢献したのです。

古村　チェルケス人はどういう論理でイスラエルの独立を助けたのですか。

佐藤　部族の長がお互い仲が良かったからだと思います。軍や大学にチェルケス人がいます。この人たちは熱心なイスラム教徒です。イスラエルが反イスラム政策をとると、建国の時に一緒だったチェルケス人を離反させます。

イスラエルは、反イスラム政策も反アラブ政策も内政の要因でとれません。だから反テロリストと言っているのです。

古村　「イスラム」テロリストや「アラブ」テロリストというふうに、テロリストにイスラムやアラブを付けてはいけないのですね。あくまで、テロリストと戦うという点を強調することが必要なのですね。

佐藤　そうです。反ハマスか反ヒズボラはあり得るのです。それがガラス細工のようなバランスなのです。

古村　イスラエルのさまざまな国内要因もまた、微妙なバランスで成り立っていることが分かりました。

◆ユダヤ人は3つに分けられる

古村　民主党のカマラ・ハリスの夫はダグ・エムホフというユダヤ系アメリカ人の弁護

士です。今（2024年7月末）、ハリスの副大統領候補として、アメリカのメディアが頻繁に名前を挙げているのが、ペンシルベニア州知事のジョジュ・シャピロです。激戦州のペンシルベニアでハリスが勝つには、シャピロの人気は必要な要素になります。しかし、私が考える不安要素は、シャピロと彼の妻がユダヤ人であるということです。2人はユダヤ系の学校で出会い、後に結婚しています。ハリスが大統領に当選し、シャピロが副大統領になったら、正副大統領夫妻4人のうち、3人がユダヤ人、1人がアフリカ系・インド系となります。WASPが1人もいないということになります。アメリカは女性初の大統領を誕生させ、しかも、正副大統領夫妻にWASPがいない状況になる覚悟と準備ができているのか、甚《はなは》だ疑問です。先生はどのようにお考えでしょうか。

佐藤　ユダヤ人は大きく分けて3つに分かれます。1つはシオニスト（ザイオニスト）。2番目はコスモポリタン（世界市民主義者）、3番目はナショナリストです。

1番目はシオンの丘（イスラエルの地）に帰ろうというイスラエル支持者です。2番目のコスモポリタンは、人種、民族、宗教などとは関係がなく。個人の能力を優先します。3番目のナショナリストは、「俺はもうユダヤ人ではない。完全なアメリカ人だ。ワスプと一緒だ」などと、ユダヤ人であることを否定する人たちです。例えると、在日韓国人で右翼運動に入り、「俺は真正の日本人だ」と言う人たちに似ています。

推定すると、エムホフは、２番目のコスモポリタンのはずで、世界市民主義的であり、ユダヤ教徒としての自己意識が薄い人だと思います。シオニストだと、ハリスを改宗させます。

古村　たしかにユダヤ教の規定では「母親がユダヤ人である」ことがユダヤ人の定義ですね。ユダヤ人の母親が子どもを産む場合、子どもはユダヤ人になるということで、母系ということですね。

佐藤　父親がユダヤ人でも母親がキリスト教徒の場合、子どもはキリスト教徒であって、ユダヤ人ではありません。ハリスとエムホフには子どもがいませんが、仮りにいたとしても、その子どもはキリスト教徒で、ユダヤ人ではありません。トランプの女婿のジャレッド・クシュナーの場合、妻でトランプの娘のイヴァンカがユダヤ教に改宗していますす。子供もユダヤ人になります。ユダヤ人かどうかの鍵は、母親です。

◆キリスト教シオニストは本質において反ユダヤ的

古村　2024年7月25日、イスラエルのネタニヤフ首相がアメリカ議会で演説しました。ネタニヤフは、バイデンとの長年の友人関係を強調し、バイデン大統領が自分自身のことを、「プラウド・アイリッシュ・アメリカン・ザイオニスト proud Irish American Zionist（誇り高きアイルランド系アメリカ人シオニスト）」と言ったというエピソードを紹介していました。私はこの言葉が非常に印象に残りました。

佐藤　これは極めて重要です。先にもお話ししましたが、シオニストはユダヤ人の帰還権を認めて、イスラエル国家の存在権を認める人です。一方で、アメリカには、シオニストを許せない人たちもいます。

古村　ネタニヤフが登壇した時は、大歓声でした。ここのくだりで一瞬空気が変わったように感じました。「えっ、ここで拍手していいのだろうか」というような、戸惑った雰囲気になりました。

佐藤　そこのところですね。最近、カマラ・ハリスが人権を前面に押し出してきました。

2024年7月25日、米議会で演説するイスラエルのネタニヤフ首相。カマラ・ハリスは欠席した

カマラ・ハリスやナンシー・ペロシら、多くの民主党議員が欠席した

ネタニヤフの演説と同時刻、議事堂前にはガザ地区へのイスラエル攻撃に反対するデモ隊が詰めかけた

イスラエル批判に転じるかどうか。

古村　議場にハリスはいませんでした。元下院議長のナンシー・ペロシを始めとして、多くの民主党議員が欠席しました。また、多くの民主党支持の人々が議事堂前でデモを行いました。ガザ地区に対するイスラエルの攻撃によって多くの民間人が死亡していることへの抗議のためです。ハリスも抗議に参加したということです。イスラエルの攻撃によって、人道上の危機（humanitarian《ヒューマニタリアン》 crisis《クライシス》）が起きているというのが、1つのポイントだと思います。

佐藤　ハリスが議場にいなかったのは、わざとでしょうね。

古村　もちろんです。アメリカにとってイスラエルは重要な同盟国ですから、本来、副大統領のハリスがいないはずがありません。ハリス陣営は「先に予定が入っていた」と釈明しましたが、それは通りません。選挙戦で考えれば、民主党支持の有権者の間でも、イスラエル支援に反対の割合が大きいので、そこに配慮したということになります。

基本的には、我々は「文明の力（forces《フォーシズ》 of《オブ》 civilization《シヴィライゼイション》）」であり、「ガザ地区の南部では、実質的には民間人の犠牲者はいない」とネタニヤフは言っていました。

佐藤　イスラエルとしては、犠牲者すべてをテロリストとして認定しているという話ですね。

古村　ネタニヤフが「文明の力」という言葉を使ったのも重要です。サミュエル・ハンティントンが『文明（間）の衝突』で言っていたように、これは文明間の争いで、イスラムとユダヤ・クリスチャニティで戦っている構図にしたいのだろうと考えました。また、自分たちは、文明的で、理性的な存在で、相手であるハマスは非文明的で、野蛮な存在だと対比させ、自分たちの正当性をアピールする狙いもあったのでしょう。

日本人でキリスト教に詳しくない、私のような人間の感覚からすると、キリスト教徒はユダヤ人を迫害しているのに、なぜキリスト教の人がシオニストになれるのかが不思議です。

佐藤　カトリックではあまり強くないのですが、キリスト教プロテスタントに、クリスチャン・シオニズムがあります。ルター派から出てきました。世界の終わりと、現実に存在しているイスラエルを相似形で見ます。この世が終わる時に、イスラエルが出現するというのです。

イスラエルという国が出現したのは、この世の終わりが近づいていることだ。終わりはギリシャ語でテロスです。英語でもエンドには、終わりとともに目的という意味があります。この目的は完成でもあり、神の1つの計画が完成するのです。

このクリスチャン・シオニズムが荒唐無稽なのは、ユダヤ教徒は、最後の日に全員キリスト教に改宗するというのです。ですから、ユダヤ教の存在を認めずに、本質においては反ユダヤ的です。これがアメリカの宗教右派の中で強いキリスト教シオニズムです。

◆イスラエルとこの世の終わり

古村　アメリカにいた時、英語の勉強をしようと思って、テレビをよく見ていました。たくさんのチャンネルがあったのですが、いろいろチャンネルを見ている中で、キリスト教のチャンネルを見つけました。そのチャンネルでは、教会での礼拝の中継がありました。アメリカには、数千人の信者が集まり、礼拝を中継するメガチャーチ（巨大教会）があります。私が見たのは、その1つでした。

壇上では、ジョン・ヘイギーというテキサスの有名な牧師が動き回りながら、熱烈な説教をしていました。壇上の後ろの壁に目を向けると、なんと、そこには、原爆投下後のきのこ雲が描いてありました。

そのことの意味をアメリカ人の友人に聞いてみたら、ハルマゲドンを示しているんだろうと教えてくれました。ハルマゲドンとは、世界の最後の戦争のことですね。彼らの世界の最後の戦争のイメージは核戦争なのかと驚きました。

佐藤　ハルマゲドンは「ヨハネの黙示録」に出てくる言葉で、イスラエル北部にある場所の名前です。そこで善と悪との最終戦争が起きるのです。先ほど言ったように、イスラエルが出現するということは、この世の終わりだということです。この世の終わりというと、恐ろしい、すべてがダメになる印象を受けます。

しかし、キリスト教だと、この世の終わりは完成です。新しい命を得て、永遠に生きるというイメージと重ね合わせます。

◆ユダヤ人理解には高等魔術が役に立つ

佐藤　今、ユダヤ人のことをよく理解したいと思い、『高等魔術の教理と祭儀』（エリファス・レヴィ著、生田耕作訳、人文書院、1982年）という本を読んでいます。1854年にフランスで刊行されたベストセラーです、タロットカードとカバラを結びつけて、魔術の考え方を近代的に説明しようとしています。

自然科学は魔術と一緒です。自然科学と同様に、同じインプットから同じアウトプットが出てきて再現性があるというのが、魔術の考え方です。

17世紀、自然科学が台頭してくると、キリスト教会は、自然科学を魔術ではないかと抵抗を示しました。神が存在して、神様の働きがあるから、さまざまな現象は毎回違うはずだと言うのです。

古村　神様が定めた自然法則があるから、毎回同じ結果が出るのが当然だと私なら考えてしまいます。毎回違うはずだというのはどういう考えから出てくるのでしょうか。

佐藤　この世のすべては神によるオーダーメイドです。猫1匹1匹の模様がすべて違うのは、神様がオーダーメイドで作っているからです。ヤドカリ1匹1匹の性格が違うのも、すべてオーダーメイドだからです。

古村　神の力が働いているからこそ、個別の違いが出るということですね。

佐藤　そうです。丑の刻に藁人形に釘を打てば呪いがかかる、というのは魔術です。

この本によると、イエス・キリストの誕生の時、東方から祝福に来た3人の博士は、魔術師ではないかと言うのです。キリスト教の既成の教会は魔術を排除したのですが、

19世紀フランスで、タロットカードとカバラを結びつけて、高等魔術の考えを説明したエリファス・レヴィ（1810-1875）

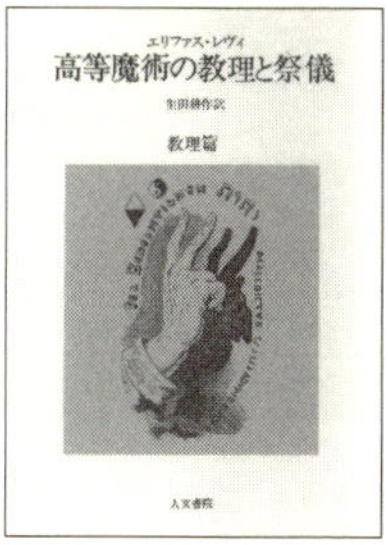

エリファス・レヴィ
『高等魔術の教理と祭儀』
人文書院

←教理篇　　祭儀篇→

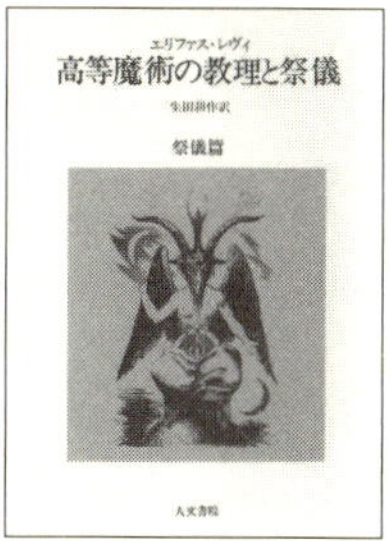

隠れたところに、キリスト教の主流派が封印した魔術がある。それがグノーシス（古代キリスト教の異端）などと結びつき、今に至る魔術があるというのです。もう一度、魔術を再評価しないといけません。

科学の時代は、魔術的な思考の復活の時代です。今、主流派の経済学や国際政治学は、タロットカードのアナロジー（類推）で理解できると私は考えています。タロットカードには前提条件があり、演繹的にロジカルに思考していきます。主流派経済学はそれに似ているのです。

今、国際政治が混沌として読めなくなっているのは、それが生き物だということを忘れているからでしょう。

ウクライナに武器を流すのは、従来の戦時国際法だったら、交戦国として認定されなければいけません。従来とは、徐々にずれてきています。国際政治を専門とする人たちは、それが見えていません。私からすると、彼らがやっているのは一種の魔術です。

私は魔術を信じていません。魔術ではなくて、すべては1回1回、ケースバイケースであるというキリスト教のほうが現実政治を説明できると考えます。

古村　社会科学（social sciences《ソーシャル　サイエンシズ》）は、自然科学と同様に、法則（laws《ラーズ》）を発見することを目的にしています。法則を因果関係（causal relationship《コーザル リレイションシップ》）と言い換えることもできます。これは、先生が言われた、「同じインプットから同じアウトプットが出てきて再現性がある」ということと同義です。これが魔術の考え方であるという指摘には驚きました。単純な因果関係を超えて、ケースバイケースで事象を見ていく、分析していくことが重要なんですね。勉強になりました。

第4章

ドル支配の崩壊がもたらす世界覇権国の交代

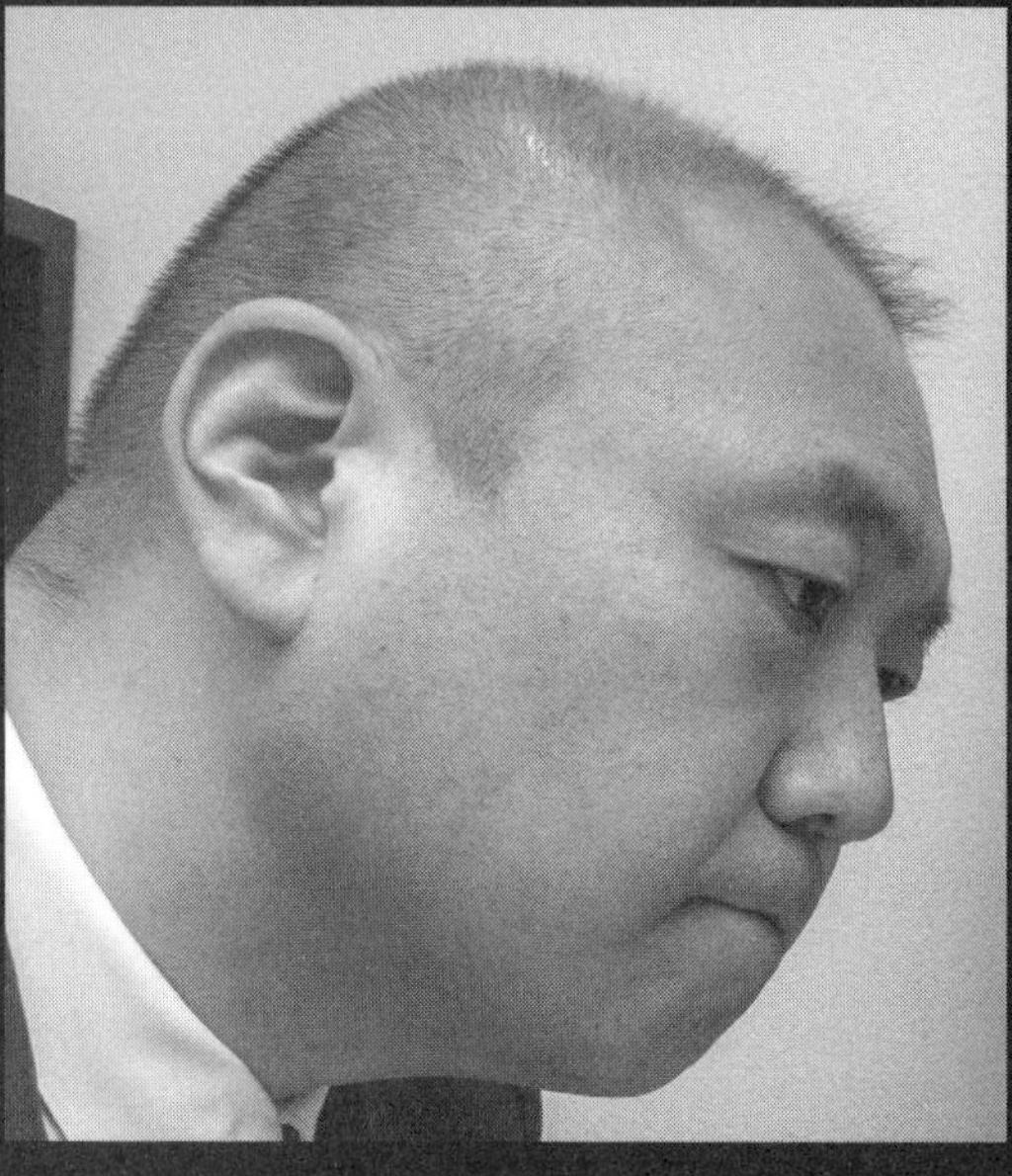

◆ハマス最高指導者・ハニーヤ暗殺の影響

古村　昨日（2024年7月31日）、ハマスの最高幹部のイスマーイール・ハニーヤ政治局長がイランの首都テヘランで殺害されました。ハマス側は、イスラエルの攻撃によって殺害されたと発表しています。イスラエル側は何も発表していません。中東地域全体の緊張を高める、重大な事件が起きました。ハマス側は、態度を硬化させ、イスラエル側に報復する可能性が高いと思います。佐藤先生はどのようにお考えですか。

佐藤　これはまずいです。もちろん、この案件には、モサド（イスラエル課報特務庁）が関与しています。しかし、ネタニヤフに命令されたから実行しただけで、通常、モサドのプロフェッショナルだったら、絶対に今回のような露骨なやり方はしません。

ハマスという組織は軍事部門と政治部門が完全に切り離されています。イスラエル人の人質奪還を目的とするガザ紛争は、実力行使したハマスの軍事部門の問題です。政治局長のハニーヤを殺してもたいした意味はありません。

イスラエル国民からしても、「悪党がまた1人除去されて、ああ、よかった」という

中東全面戦争（all-out war）の可能性が高まった。2024年7月31日の、イスラエルによる、ハマス最高幹部イスマーイール・ハニーヤ政治局長の暗殺

中東の中で保たれていた微妙なバランスがこれで崩れる

大恥をかかされたイラン最高指導者アリー・ハーメネイー

程度の話です。ハニーヤはテロリストの頭目の1人だから、殺されるのは当然とイスラエル人は考えています。

古村　ハニーヤは、イランのマスウード・ペゼシュキアン新大統領の就任宣誓式に出席するために、テヘランを訪れていました。宿泊先の部屋で、仕掛けられた爆発物によって殺害されたということです。イランとしては、賓客として招いていたハニーヤを自国の首都で警備も厳重な中で殺害されたというのは恥辱です。

殺された場所が場所だけに、かなり確度の高い情報を持つスパイがおり、ヒューミント（人を介した諜報活動）を、イスラエルがイラン政府の中で行っているということになりますね。私は、イスラエルがここまでイラン政府の中枢近くまで情報網を広げていたこと、殺害のような作戦を遂行できる力を持つスパイを配置していたことに驚きました。イラン政府の防諜体制に隙があったということでしょうか。

佐藤　その通りです。ハニーヤがどこにいるのか、逐一分かっています。モサドはイランに潜入させていたスリーパー・エージェント（浸透工作員）をこういう機会だけに使います。かなり深く政権内部に潜り込んでいたと思います。

もちろん、イランの秘密警察サヴァク（SAVAK）は、野を越え、山を越え、草の根をかき分けてもハニーヤを殺害した工作員や協力者たちを見つけ出します。イラン秘密警察の能力からすれば、直ちに国外に脱出していない限り、必ず捕まります。

ハニーヤの殺害を彼の拠点だったカタールで実行しなかったのはよく分かります。そんなことをしたら、カタールとの外交関係が断絶します。イスラエルは、そのリスクを負いたくないのです。

古村　カタールは人口300万人ほどの小国ですが、カタールは中東地域において、独特の存在感を示しています。ハマスの活動拠点がありながら、イスラエルとも、正式な国交こそありませんが、関係を維持しています。アメリカとの関係も深く、アメリカ空軍の基地も存在します。カタールは全方位外交を行うことで、生き残りを図っています。

佐藤　アラブ諸国の中でカタールはスンニ派だけれども、シーア派のイランとの関係も良好です。イスラエルにとって、カタールはイランとの重要な窓口だから、カタールは失いたくないのです。

テヘランで実行したのは、イランの最高指導者アリー・ハーメネイーの前で「お尻を出してウンコした」ようなものです。これだけの大恥をかかされたのですから、ハーメネイーとしても対抗せざるを得ません。

イランとしても、エルサレムかテルアビブで、イスラエルのそれなりの要人を1人殺さないと辻褄が合いません。そうなると、テロはエスカレートしていきます。

本来、イスラエルには、テロをエスカレートさせる意図はなかったはずです。切羽詰まったネタニヤフが、2人の極右閣僚（国家安全保障大臣と財務大臣）におもねって暴走したとしか思えません。

古村　佐藤先生が前に言われたように、微妙なバランスで中東は均衡《バランス》を保っていました。ネタニヤフが国内政治を優先して、極めて危険な行動に出たということですね。これに加えて、ハニーヤ殺害の前日の7月30日、イスラエルはレバノンのベイルートをドローンで空爆して、イランが支援している武装組織ヒズボラの最高幹部フアド・シュクルも殺害しました。状況が悪化し、各勢力間、アクター間でのバランスが崩れます。

佐藤　そうです。バランスが崩れる、もう1つの危険な要因が、アメリカの大統領候補となったカマラ・ハリスです。

ハリスは、訪米したネタニヤフ首相の議会演説（7月24日）を欠席しました。それにもかかわらず、ガザ地区で人道的な配慮をするように、ネタニヤフに注文をつけました。これだけで、今のヒズボラとイランとイスラエルの微妙なバランスが崩れるのです。レバノンで突発的な事態が起きるかもしれません。

古村 バイデンが最終的に大統領選挙を辞退したことで、政権はレイムダック（死に体）化しています。アメリカは何か重要な決定はできませんし、思い切ったことはできないのが現状です。アメリカ政治に空白が生じています。

白か黒か、善か悪かの単純な正義感しか持たないハリスに、微妙なバランスの上に成り立っている国際政治に対応することはできないと思います。バイデンは上院議員として、上院の外交委員長として、経験が豊富でしたから、この点で安心感がありました。外交音痴のハリスが大統領になろうものなら、どのようなことになるか。世界全体が危機的状況に陥るかもしれません。

『フォーリン・ポリシー *Foreign Policy*』というアメリカの外交・国際政治専門誌に、「カマラ・ハリス・ドクトリン」という、ハリスの今までの発言や行動をまとめた記事（2024年7月26日付）が出ていました。中国はもとより、彼女の母親の出身であるインドに対しても、「カシミールの人権を守れ」と言って、ナレンドラ・モディ首相とインド政府を不快にさせています。アメリカにとって、インドは対中包囲網にとって、重要な存在であり、関係がぎくしゃくしてしまうのはアメリカの国益に反します。

佐藤　ハリスはこの微妙なバランス感覚が分かっていません。元検察官であるハリスには、権力に裏打ちされた自分たちの法体系や秩序感が染みついています。国際政治も力でごり押しできると思っています。トランプのように各国の首脳とディール（取引）ができない。だから危ないのです。

◆ヨーロッパで蔓延する反ユダヤ主義

佐藤　イスラエルの最大の問題は、２０００年前に国家を失っていることだと思います。ローマ帝国に王国を滅ぼされたユダヤ人は、パレスチナの地を追い出されて世界に散り散りになります（ディアスポラ）。それ以来、自分たちの王を持ったことがありません。

ヨーロッパ諸国は、わずか２００年前はみんな王政です。イタリアやブルガリアのように、第2次大戦前まで王政だった国も多いのです。だから、自分たちの王によって統治される感覚が分かります。

イスラエルにはそれがないのです。１９４８年の建国以来、連立政権が続き、小党分立が常態化しています。モサドの元幹部たちは、「俺たち２０００年間、自分たちで国を統治してないから、王のような強力な統治が皮膚感覚で分からない」と言います。
王のような独裁的な政治を少しでもすると、国民からものすごい反発が来るのです。
王のように振る舞い始めたネタニヤフは、かなり大変な状況に置かれていると思います。

古村　イスラエルに限らず、先進国に分類される国々で民主的な選挙で選んだ指導者に対する、国民の信頼が落ちているのが現状です。日本も例外ではありません。第1章でも触れましたが、世界的傾向として、ストロングマンを求める流れになっています。強力で、賢明なリーダーの出現を求めるのは、人々の漠然とした不安を反映しているのだろうと思います。

佐藤　その通りです。戦争の時には、日本で言うと、征夷大将軍の下に一時的にまとまらないといけません。イスラエルはそれすらできていません。第4次に渡るアラブ諸国との中東戦争（1948-1949年、1956年、1967年、1973年）後、国家存亡の危機はありませんでした。今回は、まさにイスラエルの国家存亡の危機です。

古村　最悪の場合、イスラエルとイランとの間での全面戦争が予想されます。それに留まらず、中東地域全体に戦争が拡大することも考えられます。

佐藤　そうなる可能性があります。ヨーロッパでは、反シオニズムという形で反ユダヤ主義が明らかに台頭しています。先日会った元モサドの友人は、「ヨーロッパのリベラル派の人々は、ハマスがユダヤ人に何を行ったかという具体的な事実を見ずに、人権というイデオロギーによって反ユダヤ主義を煽り立てている」と言っていました。

古村　反ユダヤ主義とイスラエル批判は紙一重の部分があります。アメリカでも大学のキャンパスを中心にして、反イスラエルデモが起きています。彼らの主張を反ユダヤ主義と言うのは乱暴です。彼らは、ガザ地区でのイスラエル軍による民間人殺害に抗議しています。

佐藤　しかし、この若者たちがイスラエルとパレスチナの複雑な関係についてどの程度の知識を持っているのでしょうか。私には疑問です。ハマスに対するイスラエルの対応は、おそらく多くの日本人には行き過ぎに見えるでしょう。しかし、イスラエルの人々は、ハマスがユダヤ人とイスラエル人国家の生存権を脅かしていると考えています。人質解放のためのハマス掃討作戦に関しても私は、国際法上の「自衛権」をめぐる問題に留まらず、より根源的な「生存権」を問うものだと考えています。

今、イスラエルは「全世界を敵に回しても戦い生き残る」という心理状況です。イスラエルを追い込むことは、得策ではありません。600万人を超える人々が犠牲となったホロコーストを経験したユダヤ人は、抵抗できないまま絶滅の危機に瀕した記憶を持っています。そのイスラエルに対して、「人権侵害国家」などと批判して孤立させることは、彼らを一層危険な状態へ追い込むことになります。

古村　佐藤先生のおかげで、イスラエルの考えと立場を多くの日本人が知ることができます。迂遠《うえん》なことと批判されると思いますが、「考えに違いがある」ということを認め、考えの違いを分析することがスタート地点になります。すべてを否定して、何も受けつけないということでは問題は解決しません。白か黒か、善か悪かの単純な二元論は非常に危険です。

◆中東全面戦争と核拡散の恐怖

佐藤　イスラエルとイランとの全面戦争になった場合、ヨーロッパ諸国が局外に立つと、イスラエルは負けかねません。イスラエルが持っている唯一の優位性は、使える核があるということです。そうすると、イランとの核戦争になる危険性があります。

古村　イスラエルがイラン国内に核を使用すると、戦争の段階が引き上げられます。イランも核兵器を開発、もしくは入手してイスラエルに対してミサイル攻撃することになれば、戦火が中東全域に拡大することも考えられます。バランス的にサウジアラビアもイスラエルと事を構えることになるでしょうか。

佐藤　そうならないにしても、サウジアラビアは、秘密協定に基づいてパキスタン領内にある核兵器を自国の領域内に移します。

サウジアラビアが核を持つと、当然、周辺地域の緊張が高まり、アラブ首長国連邦とオマーン、カタール、バーレーンが、直ちにパキスタンから核兵器を購入するでしょう。アメリカはそれを阻止できないと思います。もはや中東での核拡散が現実のものになりつつあります。

幸いなことに、イエメンは核兵器を買う能力がありません。もしイエメンが核を持ったら、何をしだすのか、見当がつきません。

古村　世界を支配管理してきた西側の諸大国が抑えようとしてきた核拡散（nuclear《ニュークリア》 proliferation《プロリフェレイション》）が進むということになります。1968年に署名された核拡散防止条約（Non-Proliferation Treaty）の真の目的は、現在の世界体制を支配する国連安全保障理事会常任理事国以外には核兵器を持たせないということです。この体制が大きく崩れてしまうということは、戦後の世界秩序が変化することにつながります。中東各国、特にイエメンが核兵器を持つなどとなったら大変です。イエメンはスエズ運河・紅海・アデン湾とつながる航路に位置しており、地政学上のチョークポイント（choke point 重要な航路が集まっているポイント）に位置しています。

佐藤　イエメン国内で使ってもおかしくありません。イエメンだけでなく、イラクが核を手に入れたら、管理ができるのか不安です。ＩＳ（イスラム国）が保有することも考えられます。この状況は、ものすごく危険です、

古村　先日、アメリカ軍がイラク国内の親イラン系武装組織「人民動員隊（ＰＭＦ）」の基地を攻撃しました、イラク国防軍が「そういうことをされると、我々は責任を持てない。ＩＳと戦う能力が落ちる」と言っています。ＩＳ勢力も一時期ほどの力は持っていませんが、侮れないアクターです。

佐藤　急速に中東でのバランスが崩れています。これからの均衡点はどこになるのか。あるいは、均衡すること自体が幻想で、核の拡散も含めて、わけが分からない状態になるのか。その瀬戸際に来ていると思います。

中東で全面戦争になった瞬間に何が起きるかと言うと、ガスと石油の安定供給がなく

なります。

古村　だから、中東地域内の各国、域外の諸大国は、事態が悪化しないように、何か事件が起きてもエスカレートしないように、抑えてきました。しかし、関わるアクターが増え、変数variables《ヴァリアブルズ》も増えてしまうと、予測が難しくなり、コントロールもできなくなります。中東地域が動乱状況になれば、世界経済に多大な悪影響が出るのは間違いありません。

佐藤　それから、日本が原油や天然ガスを運んでいるシーレーン（海上交通路）の確保も難しくなります。海賊も跋扈《ばっこ》するでしょう。そうなると、もはや「自由で開かれたインド太平洋」（インド太平洋構想、安倍晋三元首相が2016年に提唱）どころではなくなります。海賊のためのインド太平洋になります。

もう1つ先読みすると、ユーラシア大陸の北、北極海を通ってヨーロッパと東アジアを結ぶ、北極海航路の地位が高くなってきます。これからメディアの一面に登場し、話題になるでしょう。

古村　ロシアのウクライナ侵攻以降、北極海航路開発の話は頓挫していますね。スエズ運河を通ってインド洋を進み、マラッカ海峡を通るスエズ航路（約1万9200キロ　日数：約48日）ではなく、北極海航路（約1万5000キロ　日数：約35日）のほうが、時間と輸送コストを削減できて日本にとってもメリットがあります。北極海航路は、数年前からロシアが本格的に開発に力を入れ、中国や日本も協力しています。

中国の一帯一路構想の「一路」は、ヨーロッパと中国を結ぶ海上輸送路ですが、これをユーラシア南航路とすると、北極海航路はユーラシア北航路となります。時間とコスト、航路の大部分をロシアがコントロールできるという点で、中国に大きなメリットがあります。さらには、南航路をアメリカに押さえられても、もう1つの航路があるというのは中国にとって重要です。

佐藤　最近、地政学の第一人者である奥山真司さんが『世界最強の地政学』（文書新書、2024年6月刊）という本を書いています。この本で奥山さんは、北極海航路の確立で、北海道の重要性が高まるという見立てをしています。そうなると、戦略的な重要性が増すので、北方領土の返還はますます難しくなるというのが、奥山さんの考え方です。

私は逆の見方です。この際、地政学におけるシーパワーを制する海上水路、チョークポイントは宗谷海峡と津軽海峡です。ロシアがこのまま日本との緊張関係を続けていたら、北極海航路の開発がムダになりかねません。だから日露関係が改善すると見ています。

古村　日本としては、北極海航路開発をきっかけにして、ロシアとの関係改善を図るべきだと思います。北方領土返還交渉の大前提は日ロ関係の改善です。

佐藤　ロシアはアメリカとの関係も改善せざるを得なくなります。アメリカにベーリング海を半分封鎖されたら、ユーラシア大陸と北アメリカ大陸を結べません。海峡の反対側が敵国だとしたら、当然、そんな航路は危なくて使えません。北極海航路は、ロシアとアメリカ、日本との関係を改善させる可能性を秘めているのです。

◆アメリカ離れが進み、世界構造は変化する

古村　今、世界の構造が変化しつつあります。「アメリカの衰退（U.S.《U S》 decline《デクライン》）」という言葉が、１９７０年代、ベトナム戦争の終り（１９７５年）頃から、国際関係論でも使われ出しました。アメリカ経済の不調や国内問題の深刻化によって、国際政治における地位低下が危ぶまれるようになりました。しかし、ソ連崩壊と冷戦終結によって、アメリカは勝利したということになって、こうした議論は行われなくなりました。その後、

50年経って、アメリカ衰退が現実のものとなってきました。戦後にアメリカが築いた世界秩序に代わる世界秩序が出来つつあります。

佐藤　今までのUSデクラインは、「そんな事態はあってはならない」という意味でした。今、本当にそうなっています。その新秩序を作っているのは、かなりの程度、ロシアであり、中国です。近代以降、初めて、非白人地域に覇権が移るのは、白人たちにとって形而上的な恐れでもありますね。

古村　そこがポイントです。近代の西洋支配が終わろうとしています。戦後の国際秩序の中心になっているのは国際連合（United《ユナイテッド》 Nations《ネイションズ》, the UN）です。日本語は国際連合、国連と呼びますが、より正確に訳せば「連合（諸）国」です。中国語では「联合国」と正確に訳しています。国連とは先の大戦で、日本やドイツといった枢軸国（the《ジ》 Axis《アクシス》）を破った国々で、戦勝国クラブです。そして、連合国の中で、枢軸国を倒すのに多大な犠牲を払った、アメリカ、イギリス、フランス、ロシア（当時はソ連）、中国（当時は中華民国）が安保理常任理事国となり、拒否権（veto《ヴィートー》）を持つことになったのです。

その後、ヨーロッパが経済復興し、日本も高度経済成長に成功しました。そして、1970年代にG7（先進国首脳会議。アメリカ、イギリス、フランス、ドイツ、イタリア、日本、カナダ）が結成されました。この西側先進諸国が世界を牛耳ってきました。

今、ＢＲＩＣＳのオリジナルメンバー5か国（ブラジル、ロシア、インド、中国，南アフリカ。２００9年結成）の存在感が大きくなっています。合わせて、グローバル・サウスの国々の地域大国が力を持ち始めています。アジアでは、インドネシア、アフリカであれば、南アフリカ、エジプト、エチオピア、ナイジェリアという国々です。２０２４年1月、ＢＲＩＣＳに、エジプトとエチオピア、サウジアラビア、イラン、アラブ首長国連邦（ＵＡＥ）が正式加盟しました。今後の参加国のさらなる拡大が予定されています。ＢＲＩＣＳがこれからの世界を動かす枠組みに成長していくことは間違いありません。

なかでも、国際政治において中国が仲介役を務めるなど、重要な役割を果たす場面が多くなっています。パレスチナ関連でも、先日（２０２４年7月23日）、中国の仲介により、パレスチナ自治政府の主流派ファタハとイスラム組織ハマスの和解が北京で実現しました。

佐藤　統一政府をつくるために、以前、エジプトが仲介しましたね。今後、エジプトが中心となってＰＬＯを改組して、ハマスとイスラム聖戦を入れた新ＰＬＯを作る可能性があります。そうなるとアメリカの統制から離れるから、新ＰＬＯの後見人にはエジプトがなるでしょう。

古村　エジプトがパレスチナ問題に関与しようとしているのは驚きです。エジプトは、イスラエル、ガザ地区両方に境を接していますから、関心が高いのは理解できますが、積極的に役割を果たそうとしている印象はありませんでした。新ＰＬＯができると、エジプトの影響力が増すのでしょうか。

佐藤　エジプトがパレスチナで覇権を取ることになります。今後、パレスチナ国家とイスラエルの「２国家共存」を目指したオスロ合意（１９９３年）を実現することは不可能です。

　パレスチナとイスラエルは、お互いに承認してない国家同士ですから、どこかの国が安定を担保しないといけません。それにエジプトが乗り出してきたら、パレスチナはエジプトの傘下《さんか》に入ります。

古村　パレスチナがエジプトの傘下に入るというお話は興味深いです。イスラエルや中東地域の国々、諸大国はそれを歓迎するでしょうか。

佐藤　そもそもガザ地区は、第１次中東戦争（１９４８年）の時に、パレスチナに侵攻したエジプトが、負けたのに撤退しないで、無理やり飛び地とした領土です。エジプトには強い製造者責任があります。

ところが、エジプトは、ガザ地区との国境を閉ざして難民を受け入れようとしません。あれだけ死者が出て、A型肝炎やポリオなども蔓延しているのに、エジプトの道義的責任はたいへん大きなものがあります。

中国には、パレスチナとイスラエルの極めて複雑な関係を調整し、停戦に導く絵を描くほどの力はないと思います。本来、アメリカが出てこないといけない話ですが、アメリカには、その余裕がありません。バイデン政権は完全にイスラエルに軸足を置いています。パレスチナと折り合いをつけるという考え方がありません。

結局、パレスチナのあれだけ細かい各派の調整は、エジプトなしではできないと思います。本来、エジプトが何らかの形で乗り出してくるはずなのですが、まったくエジプトの影が出てこないのは怪しいのです。

古村　なるほど、中国が表に出て、エジプトが裏方として、実質的に仕切るという方式ということなんですね。エジプトはＢＲＩＣＳに新たに参加することになりましたし、中東地域の大国として、存在感を回復したいという思惑があると考えます。戦後の一時期、エジプトはアラブの盟主を目指したという経緯もあります。

佐藤　エジプトにとっても、これ以上ガタガタされると大変です。もう1つは、ハマスが武器を継続的に保有しているのは、エジプト領のシナイ半島とトンネルが通じているからだと思います。そこからハマスに武器が渡っているのでしょう。

イスラエルが、シナイ半島のトンネルを爆破し、その武器ルートを潰したら、エジプトとしても立場上、応戦せざるを得なくなります。イスラエルはイスラエル－エジプト戦争をやりたくない。それでイスラエルは見過ごしているのだと思います。

古村　エジプトは自国の安全保障のためにも、パレスチナに影響力を行使しようとしているのですね。イスラエルとの全面対決を避け、事態の安定化を図ることができれば、中東地域におけるエジプトの地位も上昇し、地域大国、グローバル・サウスの有力なメンバーとなるでしょう。

◆アメリカの衰退でドル支配は崩壊する

古村　今回のアメリカの大統領選は、トランプが勝つということで、私と佐藤先生は意見が一致しています。その後のアメリカは、どうなるとお考えでしょうか。

佐藤　トランプは退却戦をどんどん展開していきます。これは、副島隆彦先生が前から言っている通りだと思います。問題は、今後、ドルがどうなるか、ペトロダラー（ドル建てのオイルマネー）がどうなるかです。

今年（2024年）の6月18日、ロシアのプーチン大統領は北朝鮮を訪問前に、朝鮮労働党の機関紙、労働新聞に寄稿しています。寄稿の中でプーチンは、「西側の統制を受けない新しい決済システムを発展させ、世界的に広げていこう」と強調しています。これには、サウジアラビアも部分的に乗ってきています。

古村　世界の基軸通貨であるドルをベースとしない国際決済システムですね。ペトロダラー（petro-dollar）体制では、石油取引はドルだけで行われてきました。産油国は石油をドルで売り、儲けたドルでアメリカ国債を買うことで、アメリカ国民に還流するシステムが確立しました。極論すれば、アメリカはドル紙幣を刷りさえすれば、石油を手に入れられるということです。このペトロダラーこそは、アメリカの世界覇権のカギとなりました。2023年3月、中国の習近平国家主席がモスクワ訪問した時も、プーチン大統領とドル以外での決済に合意しました。このような話が出ること自体が、ペトロダラー体制に軋《きし》みが出ていることを示しています。

佐藤　相対《あいたい》のそれぞれの自国通貨での取引は、今後も増えるでしょう。ロシアの場合、物の裏づけがあります。ドルが基軸通貨なのは、しばらくは惰性で続きそうですが、今後、ドルは脆弱になってくるでしょうね。

古村　そうですね。ペトロダラー体制はかなり毀損され、弱体化していくと思います。2022年12月9日、中国とサウジアラビアは人民元によるクロスオーバー取引を開始しました。石油取引はまだドル決済で行われていますが、サウジアラビアはドル以外の決済について議論することを否定しないと発表しました。こうした動きに対して、アメリカは神経を尖らせています。また、今年の5月、北京での習近平との会談で、プーチンは、中ロ間の貿易取引の90％は元とルーブルで決済されていると語りました。

佐藤　ドルを介さず自国通貨で直接決済する動きが相次ぐと、ペトロダラー（ドル）支配が崩れてかなりたいへんでしょうね。

古村　今、まだ世界はドルで動いています。ドル化（dollarization《ダラライゼイション》）と呼ばれますが、自国通貨に信用がないために、ドルが使われることがあります。南米エクアドルや中東エルサルバドルが具体例として挙げられます。

今後、ドルの価値が下がり、ドルの力が落ちてくると、かなりの混乱が起きると思います。中国は人民元、ロシアはルーブル、インドはルピーで決済取引をする。今までだったら、このようなことはあり得ませんでした。ドルでないと国際取引ができなかったから、アメリカによる経済制裁が効果を持ったのです。

2023年の8月、BRICSの首脳会談で、ブラジルのルラ大統領は「なぜドルで支払いをしないといけないのかと、いつも寝る前に考えている」と発言しました。今まで、ドルでの支払いでなければならないと洗脳されてきたが、その洗脳は解けつつあると言い換えることができます。その文脈で、BRICSは、ドルに代わるBRICS通貨導入を検討しています。インドは後ろ向きのようですが、大きな流れには逆らえません。ドルの急な暴落で自分たちが傷つかないように、用意周到に準備して導入するでしょう。

サウジアラビアが、人民元での石油売買を認めた段階で、ドルの信用は大幅に下落します。ドル支配の崩壊が近づいているのです。

佐藤　BRICS共通通貨は、1960年代のCOMECON（コメコン）ルーブルに近いですね。東ドイツなどコメコン諸国が、共通で決済できた代替ルーブルです。

また、東西ドイツの統一前、西ドイツは風穴を開けようとして、東ドイツとの間で共通マルクを作っていました。経済の実勢では、3倍から5倍離れていたのですが、東西間のやり取りをすべて1対1でしました。実質上、そうして東ドイツを支援していたのです。

今、ロシアは、自国の天然ガスや石油、穀物などの代金の支払いを、ルーブル払いにすることを拡大させています。これは、かつてのコメコンルーブルの記憶が残っているから、ルーブル決済のやり方が分かっているのです。

古村　コメコンは、1949年にソ連が東欧諸国を中心とする共産主義諸国と結成した経済圏ですね。日本語では「経済相互援助会議」と言いますが、各国間の経済協力や交流の調整機関としての役割を果たしました。コメコンで共通通貨を持って、決済していたというのは興味深いです。

佐藤　ソ連の崩壊後、市場経済への移行がたいへん乱暴な形で行われ、混乱の中から新興の寡占資本家（オリガルヒ）が現れました。このオリガルヒは、ソ連に併合されていたバルト諸国（エストニア、ラトビア、リトアニア）では出てきていません。

なぜかというと、ソ連が社会主義に移行して資本主義制度が崩れたのが、1920年代の初頭です。ソ連は1991年12月に崩壊します。実質的には、1980年代の後半に崩壊したとすると、社会主義の期間は、1920年代からの約60年間です。60年経っているると、資本主義を皮膚感覚で覚えている現役の人はいません。

ところが、バルト諸国の場合、ソ連体制に組み入れられたのは、第2次大戦後の1944年から1945年にかけてです。そうすると、社会主義の期間は約40年となります。

古村　その当時に20歳ぐらいの人だったら、社会主義体制の崩壊の頃には、社会の中心的な役割を果たす60歳ぐらいになりますね。

佐藤　社会主義から資本主義システムの市場経済に移行する時に、過去の資本主義を覚えている人がいるかどうかが重要です。

古村　世代は英語でgeneration《ジェネレイション》と言いますが、30年を意味します。2つの世代で60年です。2つの世代を過ぎると厳しいのですね。伝承されるべき人々の記憶が2つの世代が過ぎる間に失われてしまいます。

佐藤　その通りです。ロシアは、皮膚感覚で分からないから、更地として、ものすごい新自由主義的な改革が可能でした。それこそジェフリー・サックス流の改革が実現したのは、誰も資本主義を覚えていなかったからです。

古村　更地だから、教科書通りに、思い通りに改革できたわけですね。その結果は、急激な改革と行き過ぎた新自由主義、国家がガタガタになってしまいました。その状態から立て直したプーチンは偉大な指導者です。

◆トランプ再選後、世界はどうなるのか

古村　トランプがアメリカの新大統領になったら、西側各国に防衛費の増額を求めてくると思います。今のバイデン政権でも、NATOや日本などの同盟国に対して、GDP比2％を目標に、防衛費の引き上げを要求しています。アメリカ単独では世界支配を行えなくなったので、お前たちも負担せよということで、甘やかしてはくれなくなりました。

佐藤　要するに、アメリカ組のシマが細っているのです。そうなると、上納金を増やすのは当たり前の話です。お前たちのケツ持ちをしているのだから。払うものを払えということ、それだけの話ですね。銭を出せと言うことです。

古村　興味深いのは、ヨーロッパ各国で徴兵制復活の動きがあることです。ヨーロッパの国々、ドイツやデンマークなどが徴兵制をどんどん復活させていく動きをしています。その理由は、安全保障環境の悪化、つまり、ロシアの脅威に備えるということです。

佐藤　トランプが大統領だと、「俺たちはお前たちの汚いケツを拭かない。お前らは自分たちでケツを拭け」と言うでしょう。ウクライナ戦争の不始末の処理は、ヨーロッパにやらせます。本当は、バイデンの不始末なのですが。

古村　ＮＡＴＯ（北大西洋条約機構）との距離感がバイデンとトランプではまったく異なります。トランプはワシントン政治や既存の外交世界の外側の人だから、ＮＡＴＯから脱《ぬ》けることに躊躇《ちゅうちょ》しないでしょう。言うことを聞かない困った国が出てきたら、説得できるのなら説得して抑える。それでも言うことを聞かなければ仕方がないので、攻撃するという選択をするでしょうが、アメリカにとって深刻な脅威でないならば、放っておく、近隣の国々が対処しなさいということになるでしょう。国際的な枠組みに価値を見いださないのですから、ＮＡＴＯから脱退することになります。

佐藤　ＮＡＴＯはそもそも反共同盟です。今のロシアの脅威は帝国主義の脅威であり、かつての共産主義イデオロギーの脅威ではありません。イデオロギーに基づいた脅威がアメリカまで及んでくるという話ではないのです。お前たちのケツ持ちを辞める。こういう話でしょう。

古村　トランプはアメリカ・ファースト（アメリカ国内優先主義）なので、外国の問題には関わらないというのが基本線です。ロシアがイデオロギーを掲げて、アメリカを変質させようということなら、侵略と同じなので、反撃するでしょうが、帝国主義的な、自国の利益拡大のために、周辺国に進出することはアメリカにとっての直接的な脅威になりませんから、関わらないということになります。

佐藤　俺たちは地理的には太平洋国家だ。だから早く本来の場所にシフトさせせろ、ということです。

古村　アメリカは、オバマ政権の時、当時、国務長官だったヒラリー・クリントンが打ち出した「アジアへの軸足移動（Pivot《ピヴォット》 to《トゥ》 Asia《エイジア》）」戦略を採用しました。それ以来、アジア太平洋（Asia-Pacific）という言葉が重要になっています。ヨーロッパについてですが、歴史上、アメリカがヨーロッパに関わる時には、しょうがなく尻ぬぐいをする時なのです。

佐藤　中東に関しても、アメリカから見れば、ヨーロッパの不始末です。イギリスやフランスを始め、ヨーロッパがユダヤ人問題をうまく処理できなかったから、イスラエルができた。その責任をすべてこっちに持ってくるな。これがアメリカの理屈でしょう。

古村　イギリスに対しても、反感とまではいかなくとも、不満は大きいと思いますね。現在の中東問題だって、元を辿れば、イギリスが原因ではないかということになります。

また、ロシアの脅威を煽るだけで、実際に戦争が起きれば、支援もしないくせに、口では勇ましいことを言うだけです。ウクライナ戦争が継続しているのには、イギリスの責任も大きいと思います。

佐藤　イギリスのように、お金もろくになく、国力もそんなに強くない国が、なぜ歴史上、さまざまな謀略、出来レースができるのか。それは常にアメリカが参加する戦争に加わって、イギリス人の血を流しているからです。

しかし、そのぶら下がり方にも限度があるだろう、というのがアメリカの率直なところです。今回のウクライナ戦争も、イギリスのジョンソン（元首相）が暴れなければ、2022年3月のイスタンブール協定（トルコの仲介によるロシアとウクライナの停戦交渉）で終わっていました。

協定が成立していれば、ウクライナは自国の安全保障と引き換えに、NATO加盟を断念していました。

古村　そうですね。アメリカはイギリス自体を好きではないのです。アメリカは、王様と貴族がいる国は嫌いです。日本も天皇がいるので、本当は好きではありません。戦後、華族制度は廃止されました。しかし、その反動なのか、有名人や名家が大好きです。セレブリティなどと言って、みんなで持て囃《はや》します。

◆平和を求めない戦後アメリカ体制の欠陥

佐藤　ヨーロッパとアメリカは別の世界です。ヨーロッパで生きていくことができない人たちがアメリカに渡りました。そういう意味では、アメリカ人はユダヤ人と一緒です。ユダヤ人のシオンの丘（エルサレムの象徴）は、清教徒（ピューリタン）のピルグリム・ファーザーズたちの新大陸でした。

古村　アメリカ人とは、故郷のヨーロッパから離れざるを得なかった人々で、これはディアスポラ（大離散）と本質的に同じなわけですね。それはなかなか思いつかないです。

佐藤　これは、イスラエルの知識人、ヨラム・ハゾニーが言っている話です。アメリカは、基本的にプロテスタントのカルヴァン派の国で、旧約聖書を重視します。

一方の新約聖書は、1世紀のローマ帝国時代に書かれており、ローマ帝国が前提なので、帝国にたいへん好意的です。その意味において、本来、アメリカは帝国ではありません。同じく旧約聖書派のユダヤ人も、カナンの地（パレスチナ）を超えて広がっていきません。

第2次世界大戦後、アメリカが帝国化しているのは、新約聖書を重視するキリスト教のカトリック思想をベースとしたヨーロッパの一番間違えた部分を追っているからです。トランプが訴える「アメリカ・ファースト」は、アメリカ本来の建国の理念に戻っています。トランプが正しいのです。

古村 大統領選にも出た経験を持つ、アメリカの保守評論家、パット・ブキャナンの本のタイトルの1つが『*A Republic, Not an Empire: Reclaiming America's Destiny*』でした。トランプのアメリカ・ファーストの元を辿れば、パット・ブキャナンに行き着きます。ブキャナンは湾岸戦争について、「どうして遠い中東で、石油のためにアメリカの若者が血を流さねばならないのか」と批判しました。

「帝国ではなく、共和国」、これこそがトランプの基本です。トランプが新大統領になったら、王様になってしまうとか、独裁者になると言う人がいます。そうではありません。リパブリック（共和国）には、王様はいないけれども、統治のために実力者が必要なわけです。能力のある実力者に政治を任せて、良い政治が行われ、人々の生活が良くなり、政治に関心がなくなることが一番いいことです。

「アメリカ・ファースト」の元祖はこの本

パット・ブキャナン
『帝国ではなく、共和国』(1999年刊)

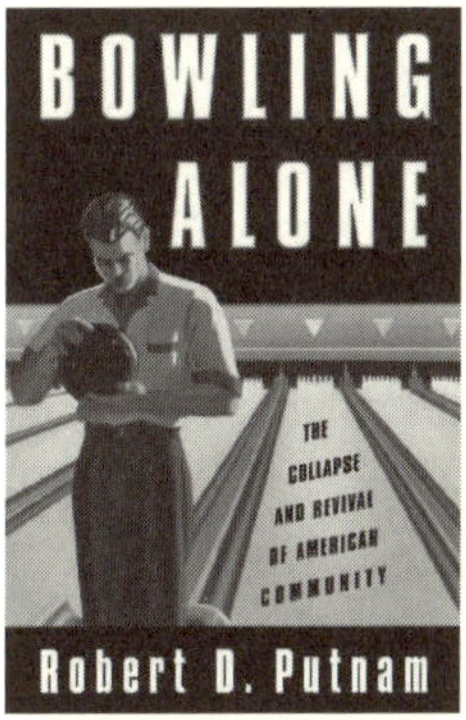

「公共圏」の問題を鋭く指摘したアメリカ政治学の名著

ロバート・パットナム
『孤独なボウリング』(2000年刊行)

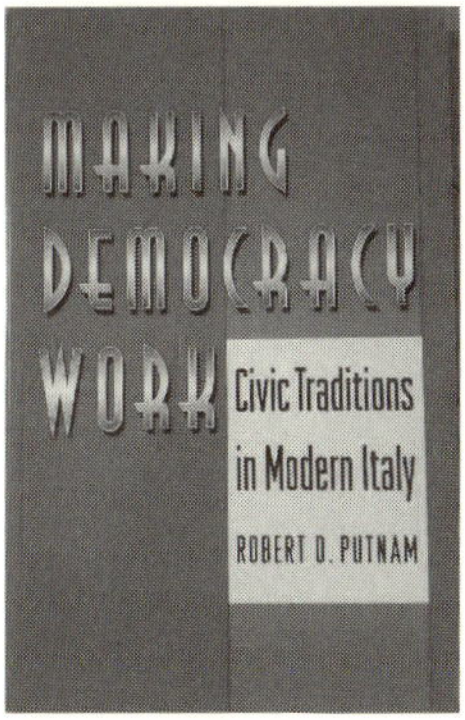

同じパットナムの著作で比較政治学の名著

ロバート・パットナム
『Making Democracy Work(邦題は「哲学する民主主義」)』(1993年刊)

佐藤　代議制をつくるということは、ある意味、フランス革命の理念です。政治は専門家に任せるということです。それでは、任せた後の民衆はどうするのでしょうか。政治をやらないで、欲望を追求するのです。だから、ヘーゲルもマルクスも市民社会は欲望の王国だと言ったわけです。

古村　中国に「鼓腹撃壌《こふくげきじょう》」という言葉があります。善政が行われ、人々のお腹がいっぱいになっている状況が一番いいと言うのです。時の王様や皇帝に対して、まったく不満がない。誰が王様なのか、支配者なのか分からない、これが良い状態だということです。人々が生活に不満を持ち、政治に関心を持つというのは良くない状態です。日本のように生活に不満を持ちながら、政治に無関心なのは別にまた問題ですが。

民主政治、デモクラシーを否定するつもりはないですが、人々が政治をしなくて済むのが一番いいのです。政治を理解し、関心を持って参加できるだけの高い能力を人々が持つというのが前提で、民主政治が成り立っています。これは無理な前提ではないだろうかと私は疑っています。

結局のところ、一言で言えば、トランプが大統領になって、プーチンも習近平もいて、ヨーロッパでは、極右政党が政権を取れば、世界は平和になるかもしれませんね。

佐藤　いいんじゃないですか。「極右政党」なんかはただの国内問題ですから。

古村　アメリカが戦後作った体制は、平和には向いていない。常に敵を作るのです。イランや北朝鮮など、ならず者国家（rogue state《ロウグ　ステイツ》）とレッテル貼りした国々をターゲットにしています。

佐藤　ネオコン（ネオコンサヴァティズム、新保守主義）や冷戦リベラルもそうです。冷戦リベラルは、ウクライナ戦争後の体制を一種の新しい冷戦と見なして、ロシアのような法の秩序を乱す者を力によって制圧し、人権や民主主義を確保するものです。

冷戦リベラルとネオコンとの違いは、ネオコンは積極的に攻めていく論理です。冷戦リベラルは守りの論理です。冷戦リベラルにもネオコンにも、平和という価値観はありません。

平和という価値を第一義的にすると、人権や民主主義の水準を落とさなければいけません。ウクライナを見れば分かるように、戦争になると、これらの水準はすべて下がります。

今の民主主義や人権や市場経済の価値を守るためには、戦争を起こさないことです。アメリカの価値観外交でやっていると戦争になります。

古村　戦後にアメリカが作った世界システムでは多様性は認められません。産油国などアメリカに役立つ国々を除いて、世界の国々はデモクラシーであり、資本主義であることがモデルであり、そうあるべきだという価値観でまとめられてきましたが、その軛《くびき》が緩くなってきています。

いろんな体制の国があってもいい、というのが、中国やＢＲＩＣＳのやり方です。世界にはいろいろな国があります。王国もあれば、民主的な国もあれば、独裁国もあれば、権威主義的な国もある。多様性を認めて、落としどころを見つけるということです。

◆失われた公共圏と共同体としての世界

佐藤　旧ソ連時代、家族経営の食堂やパン屋さんはありませんでした。例えば、モスクワでも、コーカサスでも、シベリアでも、どこでもケーキは基本2種類です。チョコレートケーキは丸い。メレンゲの白いケーキは四角。まったく同じレシピです。大使館の同僚の結婚式用に、丸くて白いケーキを頼んだら、違法だと言われました（笑）。

モスクワはもともと喫茶店文化の街です。ところが、スターリン独裁が始まった19

30年代に、喫茶店は完全に姿を消しました。帝政ロシア時代にレーニンやスターリンたちが喫茶店でオルグをしたり、謀議を企てていたからです。スターリンには、喫茶店が公共圏になると分かっていました。

古村　喫茶店の発祥は、16世紀末、オランダのコーヒーハウスです。お金持ちが集まって、みんなでお金を出し合って船を仕立てて、貿易で金儲けをする相談をしたり、知識人がコーヒーを飲みながら、哲学の話をしたりするのが、コーヒーハウスでした。これが近代資本主義の始まりでもあります。喫茶店を壊すということは、どういうことでしょうか。

佐藤　公共圏とは、自由に議論できる空間です。その公共圏を作らせないのです。政治的な話は、自分のアパートやダーチャ（農園付き別荘）などのプライベートな場所でします。私たち外国人がホテルのレストランに行くと、灰皿がクリスタルから金属に代わりました。中に盗聴器が仕掛けられているのです。

そういう社会だと、代表的公共性を持つ公共圏は、常に国家が潰そうと乗り出してきます。

古村　公共圏は、ドイツの社会学者であるユルゲン・ハーバーマスが提示した概念ですね。英語では、パブリック・スフィア public sphere と言います。公共圏は市民社会を支える基盤としても重要です。今、アメリカが衰退してきているのも、公共圏が、衰えているからではないでしょうか。

佐藤　19世紀のフランスの政治思想学者、アレクシ・ド・トクヴィルは、おっしゃるように、中間団体が重要だと言っていました。中間団体とは、同じ考えを持って集まってできた団体です。アメリカの中間団体がたいへん弱くなっています。

古村　同じことを言ったのが、アメリカの政治学者ロバート・パットナムです。彼は、『孤独なボウリング *Bowling Alone*』（柴内康文訳、柏書房、2006年刊）という本を書きました。この本の中で、アメリカにおけるコミュニティの衰退について論じています。

パットナムは子供の頃に、地元のボウリングクラブに入っていました。そのボウリング場には、地元のさまざまな人が来て、おじいさんも、おばあさんも、お兄さんも、お姉さんも、みんなでボウリングを楽しんでいたのです。かつてあった交流の場としてのボウリング場が今ではなくなってしまった。そして、人々のつながりや助け合いがなくなったと述べています。

パットナムは、社会関係資本、ソーシャルキャピタル social capital という考え方を提唱しました。1994年に、『哲学する民主主義 *Making Democracy Work*』（河田潤一訳、NTT出版、2001年刊）という本を出しています。これは比較政治の授業で取り上げられる名著です。この本で、パットナムはイタリアについて研究しました。

イタリアを北部と南部に分けると、北部は行政がしっかりしている、南部はしっかりしてない。なぜこの差ができるのか比較すると、北部の人たちは、サッカークラブや合唱団などの団体・組織に皆入っています。一方、南部にはそういう伝統がないのだそうです。パットナムは、このような団体を社会関係資本と呼んでいます。

佐藤　それだけイタリア南部では、家族や親族の助け合いが強いのでしょうね。

古村　そうですね。その分、イタリア南部では他人同士は信頼感が希薄なので、つまり社会関係資本が弱いので、協力しません。マフィアは究極的な家族経営でしょう（笑）。

佐藤　そうすると、アラブ諸国で市民社会が育ちにくいのは、イスラムということだけではなくて内婚制があると思います。一族の内から相手を選ぶ内婚制でいとこ婚がベースになります。基本、血がつながっていない人を信用しません。

古村　人口歴史学者であり、家族制度の研究者のエマニュエル・トッドも家族形態と政治体制の関係に目をつけています。トッドは、親と暮らさない核家族と、親夫婦と子夫婦が同居している拡大家族などの家族形態を分類し、類型化し、それと政治体制との関係を考察しました。日本でも一応、町内会（neighborhood《ネイバーフッド》 association《アソシエイション》）というアソシエーション（集団、組織）が残っていますね。

佐藤　日本のアソシエーションというと、やはり創価学会です。創価学会は、1回の会合に2000人ぐらいは集められます。創価学会が、なぜ、あれほど強力な力を持っているかと言うと、アソシエーションの仕掛けがよく出来ているからです。

日常のステイタスは関係ありません、学校の校長先生だろうが、企業の部長であろうが、創価学会の会合に行ったらただの会員です、

献金は1年に1回しかありません。財務と言い、その額も非公表です。お金を出したからといって、大きな顔ができるわけでもありません。活動の基本は朝晩の勤行と定期的に行われる座談会などの会合で、一緒にテキストを読みます。テキストを通じた共同体ということです。

創価学会は独自のヒエラルキーも作っていて、21世紀においても維持できる仕組みを備えているのです。

古村　話が広がってしまいました。自由な議論ができる公共圏、個人間のつながりから

助け合いがある共同体が、日本を含む先進諸国で減退していることが、デモクラシーや選挙で選ばれた指導者への信頼感の欠如につながっていると思います。

◆グローバル・ノースが失う世界の主導権

古村　副島学派の思想の柱は、属国論と世界覇権国論の2つです。現状を「アメリカが世界覇権国であり、日本はアメリカの属国である」と認識し、この認識を前提にして、分析を行います。現在、世界で起きていることは、覇権国の交代に向かう動きです。具体的には、アメリカが衰退して、中国が次の覇権国になるということです。

佐藤　まさしくその通りです。次の覇権国が、唯一の覇権国になるのか、過渡的なのか、まだ見えていません。中国が有力候補であるのは確かです。中国で決め打ちできるかどうかは、まだ分かりません。

古村　西洋支配が始まった近代で見ていくと、覇権国、ヘジェモニック・ステイト（hegemonic state）の一番最初は、15世紀のスペインです。16世記後半に、スペインからオランダに移りました。その後、19世紀の初めに、イギリス、20世紀の初めに、アメリカが覇権国となりました。これまで西洋の、しかも西ヨーロッパの中で覇権国が交代してきました。

世界覇権国アメリカが衰退している今、西洋には、どこにも次の候補がいません。今回、近代が始まって以来初めて、非西洋の中国に覇権が移るのは間違いありません。それに伴って、世界の主導権は、グローバル・ノース Global North（北半球中心のアメリカやヨーロッパ、日本の先進国）からグローバル・サウス Global South（南半球を中心としたアフリカ、ラテンアメリカ、アジアの新興国・途上国）側に移ります。

今まで西洋の中で回していたボールが、相手チームに渡るというイメージです。

佐藤　そうですね。ここで少し整理してみましょう。私はグローバル・サウスが成り立つのか、といつも思っています。というのは、グローバルの定義は、ヒト、モノ、カネの移動が自由だということです。そうすると、グローバル・ノースはあるのです。最近よく世界の対立構造として使われるのが、グローバル・ノースとザ・レスト the Rest（残り）という言葉です。

南へ行くと、やはり国家の壁が大きいと感じます。ネーションとネーションの間だからインターナショナルでしょう。世の中では、グローバル・サウスと言われてますが、私はグローバル・ノース対ザ・レスト、もしくはサウス・インターナショナルではないかと思います。

古村　なるほど、言葉を厳密に定義すれば、国家が弱まっている先進諸国のあるノースは、グローバル・ノースで、南のほうは国家が強いので、インターナショナル・サウスと言うべきということですね。しかし、メディアなどでは、このような厳密な使われ方をしていませんし、便宜的にグローバル・サウスを使っても良いかなと思います。

佐藤　グローバル・サウスという概念で見ると、サウスが団子となって固まっているような勘違いをします。実際は、もっと複雑なリゾーム状の関係になっています。

現在のロシアは、かつてのワルシャワ条約機構のような同盟を作ろうとは思っていません。複雑な状況の中、中露や露印、ロシアとイランというように個別に、ケースバイケースで軍事協力まで含めて、協力関係を作ろうとしています。19世紀から20世紀初頭の協商関係に似ている気がします。

古村　グローバル・サウスという言葉を使う際には、気をつけたいと思います。

グローバル・サウスという言葉について調べてみました。

ジョン・F・ケネディ、リンドン・ジョンソン両政権で国防長官を務め、ベトナム戦争を主導した人物にロバート・マクナマラがいます。マクナマラは国防長官退任後の1968年から1981年まで世界銀行総裁を務めました。
　1977年、マクナマラは、西ドイツの首相を務めたヴィリー・ブラントを南北問題に関する委員会の委員長に任命しました。ブラントは、西ドイツの首相時代に、ソ連や東ドイツとの関係を改善するために「東方外交」を推し進めました。
　1980年に委員会は報告書を発表しました。その報告書はブラント報告書と呼ばれています。この報告書の世界地図に、地球を南北に分ける線が描かれていました。それをブラントラインと言います。そのブラントラインの北がグローバル・ノース、南がグローバル・サウスとなったのです。

佐藤　いわゆるグローバリゼーションが起きる前ですね。

古村　そうです。1970年代、いわゆる南北問題が世界的な課題として持ち上がりました。当時の開発途上国と先進国、貧しい南と豊かな北の経済格差です。その時代は、ソ連や東欧など、共産主義国家もまだ豊かで、線は、アメリカ、地中海、ソ連国境などに沿って引かれていきます。
　ブラントの報告書から四半世紀が過ぎ、世界の情勢も変わりました。グローバル・サウスが貧しさから脱け出しつつあり、グローバル・ノースは衰退しています。

ウクライナ戦争を契機として、グローバル・ノースとグローバル・サウスの対立構造が顕在化しました。グローバル・サウスの国々は、アメリカの言うことに唯々《いい》諾々《だくだく》と従うのではなく、是々非々《ぜぜひひ》で行動するようになりました。対ロシア経済制裁にグローバル・サウスの国々が参加していないのはその好例です。アメリカを中心とする、西側支配の世界構造は大きく変化しようとしています。

第5章

米中覇権戦争は起きるのか

◆中国は次の覇権国になれるのか

古村　私はアメリカが衰退し、中国が次の覇権国になると思います。中国は、西洋型のような自分たちの理想を押しつける覇権国にはならないでしょう。

佐藤　覇権国になるには、何らかの理念やイデオロギーが必要になります。中国がどういうイデオロギーを持っているのかとなると、私にはよく分かりません。

習近平国家主席が掲げているスローガンの「中国の夢」だと、世界的な基準にはなりません。自由だとか、民主主義というのは空虚だけれども、普遍的な価値観を偽装することができます。共産主義もそうですね。

古村　習近平のスローガンでは、「共同富裕」が有名ですね。2024年は「新質生産力」です。彼ら指導者が、どういう言葉を使っているかが重要です。新聞や雑誌などの記事の内容、使われている用語の使用数や用語自体の変化を研究する方法もあり、「内容分析（content《コンテント》 analysis《アナリシス》）」と呼ばれています。中国研究、特に共産党の指導方針や指導者の考えを知るために有効な方法です。

佐藤　習近平は『国政運営を語る』と題する著作集を4巻出しています。彼はかなり真面目に、マルクス主義との関係でイデオロギー的な整理をしようとしています。毛沢東以来、初めて著作集を編んで、理論的な整合性を作ろうとしている指導者です。

古村　習近平は不文律を超えて、国家主席の3期目を務めています。世界構造の大変化を迎え、それを乗り切ろうとしています。中国の覇権国化が進んでいくでしょう。

対照的に、アメリカの経済力が落ちてきています。第2次大戦直後、世界全体に占めるアメリカのGDPの割合は約50％でした。そして、2022年、アメリカは25・4％と半減したのに対し、中国は17・8％まで伸びています（名目GDP、IMF）。

戦後、約80年間で、1位のアメリカとの差がここまで縮まった国はありません。日本やソ連でも一番良くて10％台前半でした。中国が20％を超える日も近いのです。

佐藤　中国のGDPは物と結びついています。アメリカのGDPは主にサービスです。

古村　そうですね。製造業を見れば、アメリカは世界の製造業のほんの数％しか占めていません。エマニュエル・トッドによれば、工作機械の分野において、中国は約30％。日本が半分の15％です。日本でも製造業が空洞化したとは言いながら、15％あります。

GAFAだ、なんだと威張ってみても、製造業は衰退し、得意分野である武器生産も、ウクライナ戦争による需要増加に対応できていません。中国を始めとするグローバル・サウスの国々がこれから伸びていくでしょう。

インドは2025年に、日本を抜いて世界4位の経済大国になるという予測が出ています。人口は世界最大です。しかし、インドが次の覇権国になるとはイメージできませんね。

佐藤　インドはカースト制を維持しているし、関心が外に向かない国です。ロシアも基本は住み分けで、ユーラシア地域から出ていきません。

古村　確かに、インドもロシアもユーラシア大陸の大きな部分を占めながら、それを守って、大きく外へ出ようとはしませんね。周辺国に影響を及ぼそうとはしますけれど。

2000年初頭以降、ロシアでは、政治思想家のアレクサンドル・ドゥーギンの新ユーラシア主義が注目されるようになりました。ドゥーギンは「プーチンの頭脳」とも言われる人物です。ロシアはユーラシア主義を提唱し、ロシアはユーラシア国家だというアイデンティティを主張しています。

佐藤　ドゥーギンは、ドイツと日本をくっつけようとしています。私も会ったことがあります。たいへん面白い人物です。

ユーラシア主義を掲げ「プーチンの頭脳」と言われているアレクサンドル・ドゥーギン

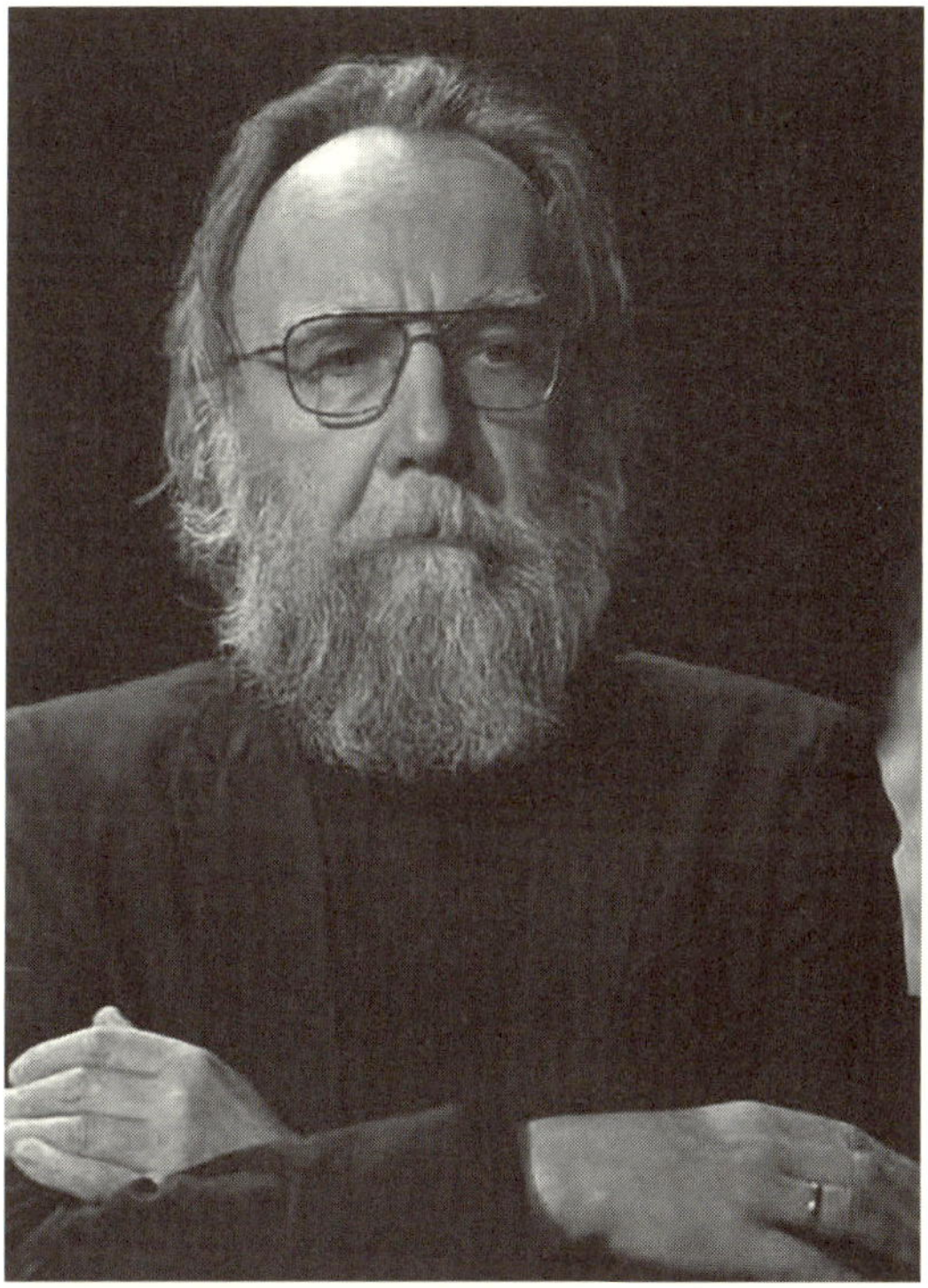

その著作は英訳も多く出版されている

古村　ドゥーギンは著書の中で、ユーラシア国家としてのロシアは、ドイツと日本と連携することを主張しています。第2次世界大戦の敵国同士の連携は興味深い主張ですね。

政治学に覇権戦争論（hegemonic war theory《ヘジェモニック ウォー セオリー》）という考えがあります。覇権が移る時に、戦争が起きるのではないかというものです。米中覇権戦争が起きるかどうか、先生はどのようにお考えですか。

佐藤　起きる可能性は十分にあります。

古村　20世紀初頭、イギリスからアメリカへ覇権が移った時は、お互い戦うことはありませんでした。ドイツは覇権に挑戦して失敗しました。日本もそうです。

世界覇権の行方は米中両国に絞られました。グローバル・サウスの勢いを考えると中国に覇権が移るだろうと私は考えています。この世界覇権の移動に伴い、戦争が起きるかどうかですが、西洋から非西洋への移行というこれまでにない事態で、何が起きるかは分かりません。大事なことは備えておくことです。

◆世界は民主主義同士で争っている

佐藤　昔、大川周明（1886－1957年）が『米英東亜侵略史』の中で言っています。イギリスは、英領インドで起こったセポイの反乱（1857－1859年）の時に、インド人傭兵のセポイ兵を完全に潰さないで、名誉あるかたちで和睦し、生き残らせました。そして、同時期のアロー号戦争（1860年終結、第2次アヘン戦争）では、イギリス兵を出さないで、清との戦いには、基本的にインド人のセポイ兵を使っています。

これがアングロサクソンのやり方だと大川周明は喝破しています。中国でアヘンを売り続ける自分たちの利権のために、中国とインドのアジア人同士を戦わせる。これはどう考えてもおかしい。今、この時のアヘンが人権に代わっています。人権というと、アヘンと違って良いものに思えるので、面倒なのです。

古村　美辞麗句《びじれいく》に酔わされることなく、平和を守るという本質を外さないようにする。副島隆彦先生は常々、アジア人同士戦わずと主張しています。この言葉の通りだと思います。

佐藤　1929年、日本は第1次大戦後の多国間条約、パリ不戦条約に調印しました。この時、日本は留保条件を付けています。内容ではないのです。条約の第1条に「人民の名において」とあるのを、吉野作造（1878－1933年）の民本主義とは相いれない、国体に反するからと、日本の田中義一内閣は、この一文は日本には適用されないという条件を付けました。

古村　吉野作造は大正デモクラシーを理論面で支えた政治学者で、彼が唱えた民本主義は、民衆の意向に基づく政党や議会を中心に政治を行うという民主主義の原則は残しつつ、主権は天皇にあるとするものでしたね。

佐藤　よく考えなくてはいけないのは、日本の場合、民主主義だと天皇制とぶつかります。どうしても民本主義になる。明治憲法下において、天皇はすべての統治権、天皇大権を持つことを是とした民本主義でないと合わなかったのです。

日本だけでなく、韓国には、韓国型の民主主義があります。朴正熙大統領時代の韓民主義の考え方に近い発想なのでしょう。中国では、かつて毛沢東（1893－1976年）が提唱した国家指針、新民主主義がありました。

あるいは、フランスの政治・歴史学者のフランソワ・フェイト（1909－2008年）が言うように、第2次大戦後、東欧諸国では、ソ連とは違うシステムの人民民主主義がありました。このように、民主主義にはいろいろな形態があるのです。

アングロサクソン型の民主主義が、唯一の民主主義ではありません。これからは、さまざまな形に軌道修正されていくでしょう。

今の世の中において、民主主義は普遍的概念と見なされています。「我が国は反民主主義で行きたい」という国はありません。みんな民主主義と言います。だから今、世界で起きているのは、どういう民主主義なのかという、民主主義同士の争いなのです。

古村　戦後世界では、近代化（modernization《モダナイゼイション》）と民主化（democratization《デモクラタイゼイション》）がイコールで結ばれることになりました。民主政体になることが文明化された、近代国家とされました。それ以外は、体制変革の対象となります。こうした研究は社会工学（social《ソーシャル》 engineering《エンジニアリング》）と呼ばれています。副島先生は「文明化外科手術」とより実態に即した形で訳しています。

「あなたの国はこれまで独裁政治だったけど、今度、議会ができて、大統領や首相が選ばれましたね。あなたの国は民主国家になり、近代化しました。国際社会のメンバーとして合格です」という具合です。

日本も明治期、西洋列強に認めてもらうために憲法を作り、議会を作りました。そうしないと、国際社会の一員として認めてもらえませんでした。

「決める政治」なんて言葉がありますが、民主政体とは迂遠《うえん》なもので、即断即決とは相性が悪いのです。

佐藤　とくに戦争の時代になるとそうですね。民主主義においても、意思決定を迅速にしないといけません。民主主義は基本的には立法権が優位です。それに対して、戦時になると、行政権が先立つからです。

古村　かつてアメリカのフランクリン・ルーズベルト（在任1933－1945年）は、第2次大戦時に大統領を、アメリカ合衆国憲法の規定を超えて4期もやりました。これから世界が不安定になってくると、どの国の大統領や首相も、10年単位ぐらいの任期がないと、国がもたないかもしれません。世界構造の大変化に対処できるだけの能力を持つ指導者を選び出せるかどうかです。

◆揺らぐデモクラシー

古村　西側諸国は基本的に王様がいない共和政、リパブリック（republic）がよくて、選挙をして選挙で選ばれた指導者が統治を行うデモクラシーが最良の体制だという、価値観押しつけ外交をずっとしてきました。

佐藤　リパブリックの中には、朝鮮民主主義人民共和国（北朝鮮）、英語だと、デモクラティック・ピープルズ・リパブリック・オブ・コリア Democratic People's Republic of Korea もあるわけです

古村　中国もそうですね。非民主的な国なのに看板倒れだと揶揄《やゆ》されがちです。しかし、これからは実態を見ていくことになるでしょう。西側先進諸国のデモクラシーの実態はどうなんだということです。

西側諸国では、選挙が行われていても、選ばれた政治家たちを国民が信用しないという状況になっています。国内での分断も起きています。この前、イギリスでも、フランスでも選挙がありました。けれども、不安がつきまとい、うまくいかない。アメリカも同様です。

かえって選挙がない国、もしくは選挙はあるけれども形だけの国、いわばストロングマンがしっかりしている国のほうが発展しています。中国も、ロシアも、インドも、インドネシアもそうです。安定しているストロングマンがしっかりしています。民主的な価値観、民主政治体制という価値観すら怪しくなってきています。

佐藤　なるほど。そうですね。欧米的な民主主義の賞味期限が切れかけているのかもしれません。

古村　中国は、非民主的な政治体制だとか、そもそも選挙がないと言われます。しかし、共産党の最高機関である中央政治局の政治局員24人、トップ7人（常務委員、チャイナ・セブン）に入るまでには、各段階で厳しい選抜を経て指導者になっていくのです。

私が習っている中国語の先生に、「共青団（中国共産主義青年団）とは、どういう組織ですか」と聞いたら、「日本の学校で言えば学級委員です。私も入っていました」と言っていました。そのことに誇りを持っているように感じました。「どういう人が選ばれるんですか」と質問したら、「勉強ができて人望がある人ですね」と答えました。

中国は共産党員でないと政治指導者にはなれません。共産党の若手エリート養成組織である共青団（14歳から28歳まで）に入る、それこそ小学校から大学、職域において、選び抜かれて最終的に24人に入るのです。日本の世襲政治家とは、まったく違う。人々の信望を集め、小学生の頃から、リーダーになってくださいと押し上げられ、指導者になった人たちと、たまたま親が政治家だった日本の政治家を比べると、どちらが民主的なのか考えさせられます。

3代、4代も政治家が世襲しているのは、言ってみれば江戸時代の大名のようなものです。能力のない人間が指導者になるというのは国家、国民にとって大きな不幸です。

世襲はないと思われがちなアメリカですが、政治上の名家が決めているということがあります。大統領を出しているということで、王家と言えるかもしれません。

佐藤　アメリカでは、ブッシュ家もケネディ家も王家ですね。

古村　繰り返しになりますが、古くは、ボストン王朝ケネディ家、今は、シカゴ・オバマ家、ニューヨーク・クリントン家があるわけです。実は民主党の重要事項を決めているのは、これらの名家たちです。民主党と名乗りながら、実際はボス政治です。

ハリスが大統領候補になった時、オバマが一番最後にハリス支持を表明しました。オバマ家は民主党の中で自分たちが一番上だと思っています。一方、ケネディ家と、ヒラリーとビルのクリントン家は早々にハリスを支持しています。現在の民主党の力関係を示していると思います。

佐藤　なるほど。ある意味、分かりやすいです。王朝はともかく、寡頭政になっているわけです。1852年、ナポレオン3世が皇帝に即位し、フランスの第2共和政が崩壊した時のことを、マルクスが『ルイ・ボナパルトのブリュメール十八日』（1852年刊）で書いています。

第2共和政の下、分割地農民たちに票を与えたら、結局、バラバラになってしまった。

彼らは利益を代表する政党を持っていないので、誰かに代表される形になる。それでナポレオン3世をみんなで選んでしまった。その結果、ナポレオン3世は議会をなくし、自分が皇帝になった、という一連のプロセスをマルクスは分析しました。

いつまでもずっと続く怖い状態よりも、怖い形でいいから、終わったほうがいいと人々が考えたからだとマルクスは指摘しています。そういう形で、今後、キングが生まれてくるかもしれません。時代はキングに向かっています。中国の習近平も、トルコのエルドアンも、ロシアのプーチンも新しい時代のキングなのでしょう。

◆変なのしか残らない先進国の選挙

佐藤　ソ連の選挙は面白かったですよ。選挙の投票率は99%です。投票所の前に、綿菓子屋とか出ていました。

古村　人がたくさん集まるお祭りのようですね。

佐藤　普段売っていないバナナを売っていました。子供にはチョコレートをあげたりします。投票用紙には1人だけ候補が書いてあり、反対だったら×を付けます。

投票箱の反対側にカーテンで閉じたボックスがあり、×を書きたい人は、そこに入って書きます。一応カーテンを引いているので、×を書いたこと自体は見えません。ソ連がすごかったのは、それでも1％の人が×を書きました。

古村 その1％の人たちは、KGBに目をつけられて、シベリア送りにされなかったのですか（笑）。

佐藤 シベリアには行きません、もちろん選挙管理委員には、KGBが入っているのでチェックはされます。99％以上の投票を確保するのは、各選挙管理委員会の目標ですから、高熱があって投票場に行けなくても、巡回投票箱が家まで来るのです。

ゴルバチョフが大統領になって、初めて複数候補から選ぶ方式になりました。そしたら軒並み共産党の幹部が落ちたのです。選挙で正当性を持たせようとして、逆の結果になりました。

古村 そうなのですね。民主化しても、前体制の穏健派や改革派が権力に残ることも多くありますが、ロシアは共産党の正統性が失墜してしまったのですね。今のロシアの状況はどのようになっているのでしょうか。

佐藤 今のロシアの場合、西側とは、国民の選挙に対する感覚が違います。選挙とは、天から、悪い候補者と、うんと悪い候補者と、とんでもない候補者が降って来て、うんと悪い候補者と、とんでもない候補者を外すものだと思っています。

ロシア人の友人に、「そんなのは民主主義ではないじゃないか」と言うと、「お前、民主主義とはそういうものだ。ローマ時代のオストラキスモス（陶片追放）を思い出せ。僭主《せんしゅ》になる危険なやつを排除するのが選挙だろう」と諭されました。

民意で代表者を選ぶのはフィクションで、選挙とは、悪いやつを排除するものだ。ソ連時代は、どんなに悪いやつが来ても排除できなかったと言うのです。

悪いやつとは、例えば、プーチンとウラジーミル・ジリノフスキー（自民党党首）とゲンナジー・ジュガーノフ（共産党委員長）で争った大統領選挙がその例です。ジリノフスキーは、「今度、日本が北方領土を寄こせと言ったら、原爆を落とせ」と言っています。ジュガーノフはスターリンを礼賛しています。こういう人とプーチンだと、プーチンのほうがましに決まっています。

古村　今のアメリカの大統領選挙に敷衍《ふえん》すると、トランプとハリスだったら、どちらがより悪いかで、より悪いほうを排除するために投票するという論理になります。ロシアらしいリアリズムだなと思います。

佐藤　そうです。アメリカの大統領選挙もだんだんロシアの選挙に近づいてきました。先進国でも変なのしか残らない選挙になってきています。

◆今日のウクライナは明日の日本

佐藤　今日のウクライナは明日の東アジアです。副島隆彦先生との対談本『よみがえるロシア帝国』（ビジネス社、2022年11月刊）でも強調しました。まったく間違っていなかったと思います。

ウクライナ戦争で、ウクライナは勝利できません。それはアメリカが勝たせるつもりがないからです。ウクライナに勝たせる場合、ロシアと核戦争になります。アメリカは、さすがにそれは嫌だから、牛のよだれのように長く戦争を引っ張っているのです。同じ東スラヴ人同士であるウクライナ人を使ってロシア人と戦わせ、ロシアを弱体化する。ロシア経済を崩壊させる。こういうアメリカのまったく間違った見通しで、ウクライナ戦争は始まりました。

同じように、日本に憲法改正をさせ、アメリカ的な民主主義と人権を守るために、日本人に中国に行って戦ってこいと命じる。日本に対しては、こういう構図になります。その意味で、今日のウクライナは明日の東アジア、つまり日本です。

中国が台湾を攻める台湾有事に関しても、アメリカが台湾のために血を流すとは、私にはとうてい考えられません。同盟国でもないし。同盟国でも、アメリカ軍が出て行くかどうか分かりません。

ウクライナは主権国家です。ロシアはいろいろと理屈をつけるけれども。主権国家に対する侵攻は間違いです。台湾に関しては、双方（中国と台湾）が国内問題と認めているわけです。その国内紛争に関して、ヨーロッパが同じようなレベルで関与することは考えられません。

古村　「一つの中国（One China）」ということをアメリカは認めていますからね。中国の国内問題である以上、関与のレベルは下がります。中国が軽々しく台湾侵攻することも考えにくいです。台湾の人々を傷つけて得になることはありません。しかし、日本では、台湾有事という言葉が盛んに使われています。

佐藤　なぜ日本が、台湾有事に関与するのかと言うと、地理的に日本に近いからです。日本の勢力圏だから台湾に介入するという帝国主義圏的な発想で、日本が関与するのだったらいいのです。しかし、日本はそういう理屈を立てていません。

もし関与するならば、日本は民主主義国であるから、民主主義体制を侵すな、という価値観外交によってです。しかし、先に話したように、岸田政権は、去年（2023年）の9月には、価値観外交をやめています。もはや民主主義は台湾有事に介入する口実にならないのです。

古村　岸田首相の外交は素晴らしいですが、大きな流れとしては、日本政府は台湾有事を想定して動いています。

佐藤　今、政府は沖縄の与那国島を要塞化しています。もし台湾有事となれば、台湾海峡の物流が止まります。沖縄の食料自給率はカロリーベースで32％と公表されています（2022年度、農林水産省）。これは、さとうきびも入れてです。沖縄県に聞いてみると、サトウキビを除いての統計はないということでした。

ただ、沖縄県議会の質問では、サトウキビを除く食料自給率は8％ともされています。そうしたら、沖縄では、2週間ぐらいで確実に食料危機が起きます。その手当を何もしていないのです。

私の母親は14歳のときに沖縄戦に従軍しました。母の話によると、日本軍はあちこちに食料を備蓄していたので、食べ物には困らなかったそうです。ですから、今の日本政府の現状は、かつての沖縄を担当した旧日本軍、第32軍以下です。つまり、政府は真面目に沖縄のことを考えていません。

古村　武器弾薬と共に、食料は戦争において極めて重要です。沖縄は先の大戦で、地上戦が展開され、多くの民間人の犠牲者を出しました。台湾有事を言うならば、慎重かつ綿密な計画と準備が必要です。恥ずかしいことですが、食料備蓄ができていないことは知りませんでした。

佐藤　こんなこと自体が話題になりません。玉城デニー知事ともよく電話で「ふざけるな」と話しています。不真面目な話です。

古村　マスコミに登場し、アメリカと一緒に中国と戦うなどという評論家は、空想で勇ましいことを言っているだけです。相手にするのも馬鹿らしい。しかし、この食料備蓄問題に関してもっと政府が真剣に対応しないといけませんね。戦争以外にも非常事態ということはいろいろと考えられるわけですから。

佐藤　もし本当に考えているのなら、そうでしょう。要するに、本気ではない、ということです。

古村　アメリカに、台湾有事に備えて戦えるようにきちんと準備しておけよ、と言われていないのでしょうか。

佐藤　言われていないと思います。

古村　もしアメリカに命令されていれば、日本の優秀な官僚たちであれば、きっちり計画を立てられるはずです。佐藤先生のお話を伺って、肝心要の食料備蓄さえもまともに準備できていないということになると、アメリカも台湾で中国と本気でぶつかる気がないことの傍証になると思いますが、いかがお考えでしょうか。

佐藤　私はないと見ています。また、日本は戦える体制にあるとは思えません。自衛隊員の不祥事が次々と発覚しています。海上自衛隊員が川崎重工に、息子のためにゲーム機を買ってくれとか、おねだりをする現状です。旧日本軍の皇運扶翼《こううんふよく》（天皇のために命を投げ出すこと）の伝統は、どこに行ったのでしょう。強い軍隊には、とても見えません。

古村　そうですね。日本は幸いなことに、約80年間、実戦を経験せずに済みました。それはそれで良いことだったと思いますが、士気の問題が出ているのですね。今、世界で一番強い軍隊はロシア軍でしょう。国内外で血みどろの実戦を経験しており、精強さを増しています。

２０２２年2月以降、ロシアのウクライナ侵攻のアナロジー（類推）で、中国が台湾を攻める。そして、日本にも攻めて来る、と評論家たちは煽り立てました。しかし、実態としては準備はまったくできていないのですね。

佐藤　その通りです。根拠も不十分です。そう言っている評論家の飯の種でやっているとしか思えないのです。

◆日本外交の未来図

古村　前にも話が出ましたが、２０２３年3月、日本の岸田首相は、ウクライナを訪問した際、ゼレンスキー大統領に地元広島の「必勝しゃもじ」を贈呈しました。岸田さんはいったい何を考えているのですか（笑）。

佐藤　あれはアニミズムです。敵を呪い殺すアニマ（聖霊）か何かが込められている。そうとしか考えられません。

古村　何のことか意味が分からずに、ゼレンスキーが一番びびっているでしょうね。

佐藤　本人の発案で、官僚も止められなかったようです（笑）。岸田首相はたいへんうまくやったと思います。8000キロも先に、必勝しゃもじを持っていくのは、誰でも普通の人とは思いません。ゼレンスキーの困惑ぶりが目に浮かびます。これは岸田首相の作戦勝ちです。

ブードゥー教の信者が、プーチンを呪い殺す時は、この人形を使ってくださいと手渡すようなものです。

古村　西洋の人々にまったく理解不能ですね。日本人には少しは分かるところがあります（笑）。

佐藤　モルジブで、大統領に呪いをかけたとして大臣が捕まりました。その社会の中で、みんなが実際に呪いがかかると思っていれば、不能犯ではなくなります。

アフリカでは、サッカーの国際試合で、観客席から相手に呪いをかけた疑いで暴動になったりします。必勝しゃもじを国際的に見れば、木のヘラに、黒々と悪魔のような文字が描いているわけです。岸田さんが普通に付き合ったら大変な人だと思われても、なんら不思議ではありません。

古村　岸田さんは、国内では評判が悪いのですが、外交はうまくやっていますね。

佐藤　その通りです。日本外交は意外としっかりしています。特にインテリジェンスの情報と分析については、原和也内閣情報官、外交戦力では、秋葉剛男国家安全保障局長の能力が極めて高く評価されています。

日本の政策の本質を考える際、マルクス経済学での分析が重要です。日本は国家独占資本主義国です。政府は独占資本の利益にかなう政策をしています。ということは、独占資本家が集まっている経団連がどう見ているかです。要するに、日本の国益はエネルギー政策に尽きるということです。

古村　日本にとってエネルギー確保が最優先課題でした。そして、アメリカに従っていれば、エネルギーは確保できる時代が続きました。しかし、サウジアラビアが少しずつアメリカ離れを始めていますので、そうした変化に対応しなければなりません。

岸田外交は、中国ともうまくやっています。経団連に加盟しているような大企業だったら、中国に出ていかないと儲かりません。韓国とも関係を改善させている。台湾とも悪くありません。東アジアの安定をきちんとやっています。

佐藤　東アジアの安定を崩そうとしているのは、アメリカですね。日本にも、勇ましいことを言う国会議員がいますが、ああいう人たちは面倒くさい。難しいことをよく分かんない人は、本当に強いからです。

古村　たしかにそうですね。白か黒か、善か悪かで勇ましいことを言って、恐怖感を煽り立てるような政治家は、どの国にでもいると思います。客観的に見て、日本は安定しています。外交は、決して恨みを買わないことが重要です。日本はこれまで抑制的な態度でやってきました。世界の構造が大きく変わりつつあるのですから、アメリカの傘の下にいれば安全だという考え方は、変えないといけませんね。

佐藤　アメリカが強ければいいのですけど。

古村　はい。また、隣が中国ということもきちんと考慮すべきだと思います。アメリカの軛《くびき》から少し離れていくことも重要です。それでいくと、ウクライナへの独自の支援は評価できます。面従腹背という言葉がありますが、アメリカとも、うまくごまかしながら付き合えばいいのです。

佐藤　私は日本の外交は、岸田さんがやっても、今度総理になった石破茂さんがやってもだいたい一緒だと思っています。日本外交の閾値は決まっているのでしょう。ある閾値を超えて無茶はできません。日本の外交に従事しているエリート層は一定の閾値でしかものを考えません。このエリート層は日本型のディープステイトでしょうね。

古村　それは外務省の中のことでしょうか。

佐藤　外務省もそうですが、むしろ首相官邸です。

古村　今、日本はG7に入っています。ウエスト（西側）の一員として位置づけられています。しかし、文化的なことも考えれば、ウエストとザ・レストの真ん中にいられる立場だと思います。イスラエルもそれに近いと思います。私たち日本が気をつけるべきは、ウクライナのようにされないことです。

佐藤　その通りです。アメリカの価値観のために、日本人の若者が中国の若者と戦うのは最悪の事態です。アメリカの価値観が大切だったら、アメリカはお金と武器だけ貸し出すのではなく、アメリカ人が戦場に出ていって戦えばいいのです。アメリカからの「お前ら戦え」という命令に従う必要はありません。

日本が防衛力を強化する目的は、自由や民主主義という価値観によって、中国、ロシア、北朝鮮などの権威主義国を追い詰めることではありません。軍事力に裏づけられた外交によって、中国、ロシア、北朝鮮と腹を割った本音の対話を行い、新たな均衡点について合意し、戦争が起きないシステムを構築することです。これが日本外交の未来図です。

あとがき

古村　治彦

今回、佐藤優先生との対談が実現した。佐藤先生には、拙著『バイデンを操る者たちがアメリカ帝国を崩壊させる』（徳間書店、2023年）を2回書評で取り上げていただいた。そのご縁で、今回、光栄な機会をいただくことができた。佐藤先生に厚く御礼を申し上げます。

対談は、2024年7月16日、25日、8月1日の3回行われた。私にとっては対談自体が初めてのことで、しかも、その相手が憧れの佐藤優先生ということもあり、1回目の対談は緊張しっぱなしであまり話せなかった。それでも、先生の温かいお人柄のおかげで、回を重ねるごとに緊張もほぐれて、自分らしく話すことができた。

対談では、ドナルド・トランプ前大統領暗殺事件を手掛かりにして、宗教の面からアメリカ政治全体を分析した。私もごく一般的な知識しかない中で、必死に佐藤先生の話に食らいつきながら、政治学や国際関係論の知識で、私なりのアメリカ政治分析を披露した。また、大きな世界政治の流れについても、ウクライナ戦争、イスラエル・ハマス紛争を入り口にして、ユダヤ教やイスラム教の面から分析をすることができた。また、インテリジェンス関係のお話を伺うこともできた。対談を通じて、アメリカの衰退と世界構造の大変動が起きているという共通認識で一致した。

私たちの対談は、様々に起きる事象についてどのように考えるか、分析するかについて、私たち2人の手法、方法論を明らかにしたものとなった。読者の皆さんが様々な事象について、自分なりに分析する際の手助けとなれば幸いだ。

対談の期間中、そして、対談後に、アメリカ政治は大きく動いた。2024年7月21日にジョー・バイデン米大統領が大統領選挙からの撤退、再選断念を表明した。そして、同時に、カマラ・ハリス副大統領を大統領選挙候補者として支持すると発表した。8月上旬には慌ただしく、カマラ・ハリスが大統領候補に、ミネソタ州知事のティム・ウォルズが副大統領候補に決まった。

8月19日から22日にシカゴで開催された民主党全国大会をきっかけにして、上げ潮に乗って、カマラ・ハリスが支持率を伸ばし、選挙戦を優位に展開しているというのが日米の主流派メディアの報道だ。ところが、重要な激戦州では五分五分、トランプがややリードという結果が出ている。主流派メディアの肩入れがありながら、ハリス支持は伸びていない。なにもこれは私の希望的観測ではない。アメリカ政治情報サイト「リアルクリアポリティックス（RealClearPolitics）」が各州レヴェルの世論調査の結果を集計し、それを大統領選挙の選挙人数に当てはめた結果では、10月1日の段階で、「トランプ281人、ハリス257人」となっている（https://www.realclearpolling.com/maps/president/2024/no-toss-up/electoral-college）。米大統領選挙はデッドヒートを続け、終盤に向かう。

ウクライナ戦争の状況は大きく動いていない。ウクライナ側はロシア国内への攻撃を行っている。しかし、戦況を有利に展開出来ていない。9月中旬開会の国連総会出席に合わせて、ウクライナのヴォロディミル・ゼレンスキー大統領は訪米し、バイデン大統領、ハリス副大統領、民主、共和両党首脳部、トランプ前大統領と会談し、「勝利計画」を提示したようだが、相手にされなかったようだ。ウクライナ情勢は停滞したままだ。

イスラエルのベンヤミン・ネタニヤフ首相は、対談で佐藤先生と私が危惧したように、戦争を拡大させようとしている。ガザ地区でのハマスとの戦いに加え、レバノンでのヒズボラとの戦闘を激化させようとしている。9月17日にはレバノンのヒズボラのメンバーが使用していたポケベル（イスラエルが細工をして輸出）がイスラエルの遠隔操作により爆発し、12名が死亡し約2800名が負傷する事件が起きた。9月27日にはヒズボラの最高指導者ハッサン・ナスララ師がイスラエルの空爆によって死亡した。イスラエルは10月1日にレバノンへの地上攻撃も開始した。また、イエメンのフーシ派への空爆（9月29日）も開始した。アメリカで権力の空白が生まれている中で、イスラエルのネタニヤフ政権は、中東での戦争の段階を引き上げようとしている。世界にとって非常に危険な動きだ。

日本政治は、岸田文雄首相が2024年8月14日に退陣表明してから、慌ただしく動き始めた。9月27日に、自民党総裁選挙が実施され、石破茂氏が高市早苗氏を破って総裁に選出された。主流派マスコミは、小泉進次郎氏が先行し、高市氏が激しく追い上げと報じていたが、最後の大逆転で、石破氏が勝利を収めた。岸・安倍系清和会支配の弱体化、自民党保守本流政治の復権、日中衝突の回避のために、まことに慶賀すべき結果となった。日本も少しずつ、アメリカの属国からの方向転換を図る動きになっていく。

これは、対談の中でも詳しく触れた世界の大きな流れ、アメリカの衰退と中国の台頭、西側支配の終わりとグローバル・サウスの勃興に合致している。

対談の終わりの雑談の中で、佐藤先生から「守破離《しゅはり》」という言葉について伺った。私は落語鑑賞を趣味としている。この「守破離」という言葉は、落語協会の二階の広間に額に入れて飾ってある。伝統的な芸道や武道で大事にされている言葉だ。「守破離」とは、「剣道や茶道などで、修業における段階を示したもの。『守』は、師や流派の教え、型、技を忠実に守り、確実に身につける段階。『破』は、他の師や流派の教えについても考え、良いものを取り入れ、心技を発展させる段階。『離』は、一つの流派から離れ、独自の新しいものを生み出し確立させる段階」(『大辞林』から)という意味だ。佐藤先生は神学、私は政治学や国際関係論という「型」を大事にしながら評論を行っている。

佐藤先生は私に、「型がなければただの言いっぱなしですよ」とおっしゃった。佐藤先生は既に「離」の境地に達しておられるが、対談を通じて、改めて基本の大切さを私に教えて下さった。私も先生の言葉を肝に銘じて、型を大事に「守り」ながら、「破」「離」へ進んでいきたい。

最後に、対談実現のために橋渡しをしてくださった、師である副島隆彦《そえじまたかひこ》先生に御礼を申し上げます。対談のアレンジ、調整を行い、まとめ役を務めた水波ブックスの水波康氏、全体編集を担当した秀和システムの小笠原豊樹編集長には大変にお世話になりました。記して感謝申し上げます。

2024年10月

古村《ふるむら》 治彦《はるひこ》

■著者プロフィール

佐藤 優（さとう まさる）

1960年、東京都生まれ。作家、元外務省主任分析官。同志社大学大学院神学研究科修了後、外務省入省。在英日本国大使館、在ロシア連邦日本国大使館勤務を経て、本省国際情報局分析第一課主任分析官として、対ロシア外交の最前線で活躍。2002年、背任と偽計業務妨害容疑の「国策捜査」で逮捕され、東京拘置所に512日間拘留される。2009年、最高裁で上告棄却、有罪が確定し、外務省職員を失職。圧倒的な知識と経験を活かし、執筆活動など多方面で活躍中。ベストセラーとなった『国家の罠』『自壊する帝国』（以上、新潮文庫）を始め、『池田大作研究』（朝日新聞出版）、『哲学入門』（KADOKAWA）、『資本論を読破する』（鎌倉孝夫氏との共著、文藝春秋）、『イスラエル戦争の嘘』（手嶋龍一氏との共著、中央公論新社）、『グローバルサウスの逆襲』（池上彰氏との共著、文藝春秋）、『猫だけが見える人間法則』（飛鳥新社）、『民主主義の危機』（Gakken）他著書多数。

■著者プロフィール

古村 治彦（ふるむら はるひこ）

1974年生まれ。鹿児島県出身。早稲田大学社会科学部卒業。早稲田大学大学院社会科学研究科地球社会論専攻修士課程修了（修士・社会科学）。南カリフォルニア大学大学院政治学研究科博士課程中退（政治学修士）。現在、SNSI・副島国家戦略研究所研究員、愛知大学国際問題研究所客員研究員。著書に『アメリカ政治の秘密』『ハーヴァード大学の秘密』（共にPHP研究所）、『悪魔のサイバー戦争をバイデン政権が始める』（秀和システム）、『バイデンを操る者たちがアメリカ帝国を崩壊させる』（徳間書店）、訳書に『ビッグテック５社を解体せよ』（徳間書店）、『アメリカの真の支配者 コーク一族』（講談社）などがある。

「古村治彦の政治情報紹介・分析ブログ」（http://suinikki.blog.jp/）

世《せ》界《かい》覇《は》権《けん》国《こく》 交《こう》代《たい》劇《げき》の真《しん》相《そう》

インテリジェンス、宗教《しゅうきょう》、政《せい》治《じ》学《がく》で読《よ》む

発行日　2024年11月 1日　　第1版第1刷

著　者　佐《さ》藤《とう》 優《まさる》
　　　　古《ふる》村《むら》 治《はる》彦《ひこ》

発行者　斉藤　和邦
発行所　株式会社　秀和システム
〒135-0016
東京都江東区東陽2-4-2　新宮ビル2F
Tel 03-6264-3105（販売） Fax 03-6264-3094
印刷所　三松堂印刷株式会社　　Printed in Japan

ISBN978-4-7980-7337-8 C0031

定価はカバーに表示してあります。

乱丁本・落丁本はお取りかえいたします。

本書に関するご質問については、ご質問の内容と住所、氏名、電話番号を明記のうえ、当社編集部宛FAXまたは書面にてお送りください。お電話によるご質問は受け付けておりませんのであらかじめご了承ください。